掌尚文化

SALUTE & DISCOVERY

致敬与发现

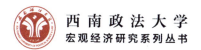

西南政法大学
宏观经济研究系列丛书

重庆脱贫攻坚研究

Research on Poverty Alleviation Strategy
of Chongqing

陈
刚
等
著

经济管理出版社
ECONOMY & MANAGEMENT PUBLISHING HOUSE

图书在版编目（CIP）数据

重庆脱贫攻坚研究／陈刚等著. —北京：经济管理出版社，2020.8

ISBN 978-7-5096-7479-6

Ⅰ.①重…　Ⅱ.①陈…　Ⅲ.①扶贫—经济政策—研究—重庆　Ⅳ.①F127.719

中国版本图书馆 CIP 数据核字（2020）第 158338 号

组稿编辑：宋　娜

责任编辑：张　昕　姜玉满

责任印制：黄章平

责任校对：陈晓霞

出版发行：经济管理出版社

　　　　　（北京市海淀区北蜂窝 8 号中雅大厦 A 座 11 层　100038）

网　　址：www. E-mp. com. cn

电　　话：（010）51915602

印　　刷：唐山昊达印刷有限公司

经　　销：新华书店

开　　本：710mm×1000mm /16

印　　张：9.75

字　　数：150 千字

版　　次：2020 年 11 月第 1 版　2020 年 11 月第 1 次印刷

书　　号：ISBN 978-7-5096-7479-6

定　　价：98.00 元

创作团队

陈　刚，男，1981 年生，四川内江人，法学博士，西南政法大学经济学院教授、博士生导师，重庆市应用经济学学术技术带头人，重庆市"巴渝学者"青年学者，重庆市高校中青年骨干教师，入选重庆市高校优秀人才支持计划，主要研究领域是政治与发展经济学、实证法律经济学。近年来在《经济研究》、《管理世界》、《经济学》（季刊）、《世界经济》等期刊发表论文 60 余篇，主持完成国家社科基金和教育部人文社科规划项目等国家和省部级课题 3 项，科研成果获重庆市社会科学优秀成果奖等奖励。

鲁钊阳，男，1980 年生，湖北黄冈人，管理学博士，西南政法大学经济学院教授、博士生导师，重庆市应用经济学学术技术带头人后备人选，重庆市"巴渝学者"青年学者，主要研究领域是农业经济学、金融经济学。近年来在《经济研究》、《管理世界》等期刊发表论文 30 余篇，主持完成国家社科基金和教育部人文社科规划项目等国家和省部级课题 10 余项，部分研究成果获得省部级领导人的肯定性批示，于 2018 年获得省部级科研成果三等奖。

邓　睿，男，1991 年生，河南固始人，经济学博士，西南政法大学经济学院讲师，主要研究领域为农村经济、农村金融以及制度经济。已在《中国农村经济》、《农业经济问题》、《公共管理学报》期刊发表学术论文

10 余篇，主持和主研国家级、省部级课题 10 余项。

李瑞琴，女，1987 年生，山西吕梁人，管理学博士，西南政法大学经济学院讲师，主要研究领域为发展经济学。主持国家自然科学基金和教育部人文社科规划项目等国家和省部级课题多项，在《改革》、《农业技术经济》等 CSSCI 来源期刊发表论文 10 余篇。

刘思亚，女，1985 年生，重庆人，管理学博士，西南政法大学经济学院讲师，主要研究领域为农村金融与财政。近年来在《财经研究》、《保险经济》等 CSSCI 来源期刊公开发表学术论文数篇，参加国家级、省部级课题多项。

CONTENTS

第一章　重庆直辖以来的减贫成就……………………………………… 001

一、脱贫攻坚已到决战决胜、全面收官阶段 ……………………… 002

二、农村贫困人口大幅减少，精准扶贫成效显著 ………………… 003

三、扶贫力度持续加大，整体减贫效果明显 ……………………… 004

四、贫困地区居民收入持续增长，生活水平大幅提高 …………… 004

五、贫困地区生活基础设施得以改善，生活质量大幅度提高 ……… 005

第二章　金融扶贫与重庆扶贫攻坚战略 ……………………………… 007

第一节　引言 …………………………………………………………… 007

第二节　金融扶贫实现机制分析 …………………………………… 009

一、金融扶贫的内涵 ………………………………………………… 009

二、金融扶贫的作用机制分析 ……………………………………… 010

三、金融脱贫攻坚的政策演进过程 ………………………………… 016

第三节　重庆金融助力脱贫攻坚的基本成效 …………………… 025

一、重庆贫困区县金融基础设施显著增强 ………………………… 025

二、重庆贫困区县金融服务产品不断创新 ………………………… 026

三、重庆金融精准扶贫的成效立竿见影 …………………………… 030

四、重庆金融扶贫支撑效用与社会反响良好 ……………………… 033

第四节　重庆金融扶贫典型案例 …………………………………… 033

一、金融扶贫为城口县脱贫攻坚注入致富"活水" ……………… 034

二、万州区着力打通金融扶贫"最后一公里" ················ 038

第三章 基本公共服务与脱贫 ································ 043

第一节 基本公共服务的概念框架与减贫机理 ············ 043

一、基本公共服务 ·· 043

二、基本公共服务均等化 ·································· 045

三、基本公共服务可获得性 ······························ 048

四、基本公共服务的减贫机理 ···························· 049

第二节 重庆基本公共服务的扶贫实践与脱贫成就 ········ 053

一、重庆公共教育的扶贫实践与脱贫成就 ·············· 054

二、重庆医疗卫生的扶贫实践与脱贫成就 ·············· 057

三、重庆部分区县医疗卫生的扶贫实践与脱贫成就 ······ 060

四、重庆社会保障的扶贫实践与脱贫成就 ·············· 061

五、重庆就业服务的扶贫实践与脱贫成就 ·············· 064

六、重庆住房保障的扶贫实践与脱贫成就 ·············· 068

第三节 减贫视角下重庆基本公共服务水平的提升建议 ···· 072

一、提升政府财政能力与调整财政结构 ················ 072

二、构建基本公共服务的偏好显示机制 ················ 074

三、构建基本公共服务的供给决策机制 ················ 075

四、培育贫困群体基本公共服务获取能力 ·············· 077

第四章 教育人力资本与重庆脱贫攻坚战略 ················ 079

第一节 引言 ··· 079

第二节 教育人力资本助力脱贫攻坚的内生机制 ·········· 081

一、教育人力资本扶贫的基本内涵阐释 ················ 081

二、教育人力资本扶贫的公平理念重塑 ················ 083

三、教育人力资本扶贫的内生机制分析 ················ 084

第三节 教育人力资本脱贫攻坚的政策演进过程 ·········· 086

一、我国教育人力资本扶贫政策的价值理念定位 ········ 087

　　二、我国教育人力资本扶贫政策的阶段演进过程 ················· 088

　　三、重庆直辖以来教育人力资本扶贫政策梳理 ················ 093

　第四节　重庆教育人力资本脱贫攻坚基本成就 ················· 097

　　一、贫困区县基本普及九年义务教育 ················· 098

　　二、城乡义务教育均衡发展成效显著 ················· 100

　　三、职业教育助推精准扶贫取得实效 ················· 103

　　四、乡村教师队伍建设得到空前强化 ················· 105

　第五节　重庆教育人力资本脱贫攻坚典型案例 ················· 108

　　一、重庆搭建特色资助项目体系守护教育全阶段 ················· 108

　　二、云阳因地因人因材精准施策确保教育扶贫成效 ················· 112

　　三、奉节借力产业技术培训激发群众脱贫内生动力 ················· 114

第五章　后脱贫时代的战略 ················· 117

　第一节　后脱贫时代的重庆扶贫工作指导思想 ················· 117

　第二节　后脱贫时代重庆市贫困地区基础设施建设战略 ················· 118

　　一、交通基础设施建设 ················· 118

　　二、农田水利和饮水安全 ················· 119

　　三、能源及电力保障 ················· 120

　　四、通信和信息基础设施 ················· 121

　第三节　后脱贫时代重庆贫困地区产业基础构建战略 ················· 122

　　一、建设工业园区　强化工业骨干支撑 ················· 122

　　二、发展效益农业　强化农业基础支撑 ················· 123

　　三、发展特色旅游业　强化旅游业增收带动 ················· 124

　　四、发展商贸流通业　强化服务业就业带动 ················· 126

　第四节　后脱贫时代重庆贫困地区基本公共服务均等化战略 ················· 127

　　一、保障教育机会均等 ················· 127

　　二、实现基本医疗服务均衡 ················· 128

　　三、扩大文化体育服务供给 ················· 129

　第五节　后脱贫时代重庆贫困地区生态环境保护战略 ················· 129

一、建设绿色生态屏障 ……………………………… 130

二、改善城乡环境质量 ……………………………… 130

三、加强资源节约利用 ……………………………… 131

四、建立防灾减灾体系 ……………………………… 131

第六节　后脱贫时代重庆两大特困片区扶贫攻坚战略 …… 132

一、建设武陵山片区及民族地区扶贫攻坚先行区 …… 132

二、建设秦巴山片区扶贫攻坚示范区 ……………… 134

第七节　后脱贫时代重庆建立城乡统筹社会保障体系战略 … 136

一、完善社会保险制度 ……………………………… 136

二、完善城乡困难救助体系 ………………………… 137

三、扶助特殊困难群体 ……………………………… 138

第八节　后脱贫时代重庆引导鼓励社会扶贫战略 ……… 138

一、优化"一圈两翼"对口帮扶 ………………… 138

二、推进东西部扶贫协作 …………………………… 139

三、加强定点扶贫和集团扶贫 ……………………… 139

四、实施科技扶贫 …………………………………… 140

五、拓展扶贫渠道 …………………………………… 140

第九节　后脱贫时代重庆扶贫的改革创新 ……………… 140

一、创新扶贫开发机制 ……………………………… 141

二、建立转户常态机制 ……………………………… 141

三、创新财产性增收机制 …………………………… 142

第十节　后脱贫时代重庆扶贫的政策扶持 ……………… 143

一、用地政策 ………………………………………… 143

二、投资政策 ………………………………………… 143

三、财税政策 ………………………………………… 144

四、金融政策 ………………………………………… 145

五、重点群体扶助政策 ……………………………… 145

六、少数民族地区扶持政策 ………………………… 146

参考文献 ……………………………………………… 147

第一章
重庆直辖以来的减贫成就

重庆，因 1189 年宋光宗先封恭王，后即帝位，自诩"双重喜庆"而得名。重庆地处中国西南部，自 1949 年 11 月 30 日以来，经历了西南行政区直辖市、中央直辖市、副省级城市等多次行政隶属关系变更和行政区划调整。1997 年 3 月 14 日，第八届全国人民代表大会第五次会议批准设立重庆直辖市，辖原重庆市、万县市、涪陵市和黔江地区，共 43 个区市县，面积 82402.95 平方千米，总人口 3042.92 万人。

在直辖之初，重庆所辖区域大多是山地或丘陵地区，经济发展水平不仅在全国，甚至在西南地区都位于相对落后的状态，总人口中的贫困人口占有相当高的比例。官方资料显示，在直辖之初，重庆共有忠县、开县、奉节、巫山、云阳、彭水、酉阳、城口、巫溪、石柱和秀山 11 个国家级贫困县，有丰都、武隆、万州、涪陵、黔江、潼南和南川 7 个省级贫困县，国家级和省级贫困县共有 18 个，占重庆所辖 43 个区市县的比例为 41.86%。同时，重庆直辖之初的农村绝对贫困人口高达 366.42 万人，占总人口的 12.04%，占农村总人口的 14.97%。[1] 因此，扶贫开发是重庆直辖时中央交办的"四件大事"之一。[2]

在直辖至今的 20 多年里，重庆市出台了一系列中长期扶贫规划，从救济式扶贫到开发式扶贫再到精准扶贫，取得了一系列扶贫攻坚成果。特别是自党的十八大以来，以习近平同志为核心的党中央把扶贫开发工作纳入"五位一体"总体布局和"四个全面"战略布局，全面打响了脱贫攻坚战。

---

[1] 参见《重庆统计年鉴》（2000）。

[2] 参见 2014 年重庆市扶贫开发工作新闻发布会，http://www.scio.gov.cn/ztk/dtzt/2014/32252/32261/32291/Document/1390716/1390716.htm。

重庆市委市政府高度重视脱贫攻坚，紧紧围绕中央要求和精神，实施了一系列以提高贫困地区和贫困人口自我发展能力为重点，以精准扶贫为导向，以体制机制创新为动力，以专项扶贫工作为抓手的重点扶贫工作，扶贫开发成效进一步显现。

一、脱贫攻坚已到决战决胜、全面收官阶段

重庆是一个具有特殊市情的直辖市，自直辖市成立之初就面临着贫困面大、贫困度深、各局域贫困引发原因不同等诸多问题，因此要想从根本上解决贫困问题尤为困难。1997 年，全市有 18 个贫困区县（市），占区县（市）总数的 41.86%，比全国高出 22.8 个百分点。全市贫困区域主要分布在大巴山区、武陵山区和长江三峡库区，是我国 18 个集中连片贫困区域之一。① 这片区域既有自然条件恶劣、灾害频繁等先天限制性因素，又有基础设施落后、交通不便、信息闭塞、人口素质差、社会发育程度低等后天制约因素。如何在如此严峻的内外部条件下解决贫困这一历史性难题，自正式批准设立重庆直辖市那一刻起，就责无旁贷地落在了中华人民共和国最"年轻"的直辖市身上。在重庆历届领导班子以及 3000 万巴渝人民 20 余年的艰苦卓绝的脱贫攻坚背后，这一问题终于要画上一个圆满的句号。

2015 年，重庆涪陵、潼南两个区整体摘掉"贫困帽"、808 个贫困村脱贫销号、95.3 万贫困人口脱贫。2016 年，万州、黔江、南川、丰都、武隆、忠县、秀山 7 个贫困区县"摘帽"，885 个贫困村、59.6 万贫困人口脱贫，全市贫困发生率下降至 3% 以下②。2018 年，开州区、云阳县、巫山县达到贫困县退出相关指标，符合贫困县退出标准。2019 年上半年，奉节、石柱两个县经县级申请、市级核查和第三方实地评估检查，均达到贫困县退出标准，拟退出国家扶贫开发工作重点县。2019 年底，重庆市预计减少贫困人口 10.75 万人，剩下的城口、巫溪、酉阳、彭水 4 个国家级贫困县也将整体脱贫"摘帽"，33 个贫困村全部出列，重庆市扶贫攻坚即将

① 参见税正宽. 水利扶贫济困 情洒巴渝大地 [J]. 中国水利, 2001（8）: 47-48.
② 参见黔江区政府网, www.qianjiang.gov.cn.

打通"最后一公里"。这一时刻也标志着重庆自直辖以来 18 个贫困区县实现全部"摘帽",脱贫攻坚任务彻底完成。

习近平总书记 2019 年 4 月在重庆考察时指出,"脱贫攻坚战进入决胜的关键阶段,务必一鼓作气、顽强作战,不获全胜决不收兵"。在与贫困抗争 20 余年后,重庆的脱贫攻坚战终于迎来决胜时刻,进入全面收官阶段。

二、农村贫困人口大幅减少,精准扶贫成效显著

1997 年直辖之初,重庆市有建卡贫困户 366.42 万人,占全市总人口的 12.04%,比全国高出 6.6 个百分点。面对如此庞大的贫困人口,重庆历届政府领导班子深入贯彻实施了国家各项扶贫政策,并取得了优异的成绩。

党的十九大报告对脱贫攻坚提出了新要求:既强调扶贫这一大格局,又坚持精准扶贫、精准脱贫。我国的扶贫开发经历了从"救济式扶贫"到"开发式扶贫";从"区域性扶贫"到瞄准贫困县、"整村推进",再到"扶贫入户",进而到现在的"精准扶贫"模式。"精准扶贫"是以提高瞄准精度为核心,更加科学、有效的扶贫模式。2013 年 11 月,自精准扶贫思想提出之后,重庆市委、市政府努力践行精准扶贫思想,并于 2015 年发布了《关于精准扶贫精准脱贫的实施意见》,为日后精准扶贫实施提供了确切的目标。

2009 年,重庆直辖 12 年,重庆农村的绝对贫困人口从直辖之初的 366.42 万下降到 45 万;降幅近 90%,比全国平均降幅高 15%。2011 年,绝对贫困人口下降至 20 万人,降幅达 95%,基本消除绝对贫困现象。2013 年,全市农村扶贫对象减少至 165.3 万人,较 2011 年减少 18.2%。截至 2018 年 12 月,重庆已累计实现 8 个"国重县"、4 个"市重县"整体"摘帽",贫困人口从 165.9 万人降至 25.5 万人,贫困发生率从 7.1% 降至 1.27%。[①] 2019 年底,重庆市预计减少贫困人口 10.75 万人。2020 年是脱

---

① 参见中华人民共和国财政部,http://www.mof.gov.cn/xinwenlianbo/congqingcaizhengxinxilianbo/201812/t20181218_3095603.htm。

贫攻坚的决战决胜、全面收官之年，重庆市将聚焦剩余约 3.18 万贫困人口，聚焦 18 个深度贫困乡镇，集中火力解决深度贫困问题，以此巩固扶贫成果。

三、扶贫力度持续加大，整体减贫效果明显

重庆在直辖后的第一次党代会上提出了"富民为本"的指导方针，并制定了《重庆市"五三六"扶贫攻坚计划》，把扶贫任务纳入市委、市政府的重要议程。1997 年，重庆市的财政扶贫资金仅为 1.7 亿元，到 2004 年这一资金已达到 4.34 亿元，年均增值率达到 12.8%。① 党的十九大以来，落实市级以上财政专项扶贫资金近 200 亿元，统筹整合使用涉农资金 303.7 亿元。2016 年以来，重庆市财政局会同重庆市扶贫办等部门在 18 个贫困县开展涉农资金统筹整合试点，前三年整合了 300 多亿元资金。2018 年，市财政安排市级以上专项扶贫资金 49 亿元，其中市本级 21 亿元，比 2017 年增长 4.5%，专项扶贫资金主要用于支持培育和壮大贫困地区特色产业，改善贫困群众基本生产生活设施条件等。2018 年前三季度，18 个试点贫困区县整合资金 134.7 亿元，比 2017 年增长 25%。② 2019 年上半年拨发财政专项扶贫资金 46 亿元，统筹整合财政涉农资金 85 亿元，筹集支持易地扶贫搬迁项目的政府债券资金 35.5 亿元。在资金保障、财政扶贫力度上，近年来市财政的力度不断加大，2019 年，市级以上财政专项扶贫资金有望增加 5 个百分点以上。③

四、贫困地区居民收入持续增长，生活水平大幅提高

1999 年，重庆全年农民人均纯收入为 1774 元，低于全国平均水平

---

① 参见何国梅. 重庆市近年来财政扶贫资金使用分析 [J]. 重庆经济，2006 (1)：26—28.

② 参见中华人民共和国财政部，http：//www. mof. gov. cn/xinwenlianbo/congqingcaizhengxinxilianbo/201812/t20181218_ 3095603. htm。

③ 参见新华网，http：//m. xinhuanet. com/cq/2019-08/11/c_ 1124861528. htm。

19.7%；农民人均生活消费支出仅为 1329.2 元，低于全国平均水平 15.7%。[①] 2010 年，重点贫困区县农民人均纯收入从 2000 年的 1397 元增加到 4235 元，年均递增 11.7%，比全国高 4.1%，在西部居第一位。仅 2010 年，贫困农民人均增收 800 元，比全国高 43 个百分点。2013 年，重庆 18 个重点区县实现人均地区生产总值 24086 元、人均一般预算收入 2072 元，增幅高于全国水平。2013 年重庆市 18 个重点区县农民人均纯收入达 7309 元，较 2012 年增长 18.2%，农村扶贫对象也从 2011 年的 202 万人减至 2013 年的 165.3 万人。2017 年，农村常住人均可支配收入为 12638 元，农村人均消费支出 10936 元，人均住户存款达到 42384 元，平均每百人拥有移动电话 106.49 部，农村常住居民人均建筑面积 54.81 平方米，[②] 农村人口生活水平大幅度提高。

五、贫困地区生活基础设施得以改善，生活质量大幅度提高

摆脱绝对贫困的标志，是稳定实现贫困人口的"两不愁三保障"——不愁吃、不愁穿，义务教育、基本医疗、住房安全有保障。2019 年 4 月，习总书记在重庆考察并主持召开了解决"两不愁三保障"突出问题座谈会时指出，"两不愁三保障"，很重要的一条就是义务教育要有保障。再苦不能苦孩子，再穷不能穷教育。要保证贫困山区的孩子上学受教育，有一个幸福快乐的童年。近年来，重庆市在基础教育投入、教育基础设施建设、校园危房改造、落实"两免一补"、解决大班额问题等方面取得了较大的成就。2016 年底，重庆市投入基础教育的中央和市级经费共计 628.4 亿元，占教育总投入的 63.64%。这些经费重点向农村、贫困地区、少数民族地区和薄弱环节倾斜，为推进全市义务教育均衡发展提供了保障。从 2014 年开始，重庆市启动了全面改善农村义务教育薄弱学校办学条件等各项工作。截至 2016 年 10 月底，累计投入资金 55.57 亿元，新、改、扩建校舍类项目面积 161.06 万平方米；改造运动场地项目面积 272.96

---

① 参见《重庆统计年鉴》（2000）、《中国统计年鉴》（2000）。
② 参见摘自《重庆统计年鉴》（2018）。

万平方米；累计投入 16.01 亿元配置教学仪器和生活设施；全市 D 级危房消除率、教室和宿舍内部规范率等多项指标达到 100%，使农村学校的校舍、办学条件得到较大改善。在落实"两免一补"的基础上，从 2012 年秋季起，重庆市向义务教育阶段学生免费提供作业本费，对农村小学一年级学生免费提供《新华字典》等教辅资料；将小学、初中阶段的贫困寄宿生生活补助标准分别提高到 1000 元/生·年和 1250 元/生·年。2016 年，累计安排义务教育阶段资助资金 12.25 亿元，惠及学生 303 万人。① 2019年，在义务教育保障方面，全市投入 10.9 亿元，用于加强义务教育薄弱环节改善和能力提升；投入资助资金 38.4 亿元，精准落实各类学生资助政策。②

习近平同时指出，基本医保、大病保险、医疗救助是防止老百姓因病返贫的重要保障，对脱贫起着兜底的作用。脱贫攻坚 2020 年就要收官，要把工作往深里做、往实里做，重点做好那些尚未脱贫或因病因伤返贫群众的工作，加快完善低保、医保、医疗救助等相关扶持和保障措施，用制度体系保障贫困群众真脱贫、稳脱贫。2010~2014 年，全市医疗卫生机构总诊疗人数由每年 6221 万人次增加到每年 13783 万人次，年均增长 22.0%；出院人数由每年 336.9 万人增加到每年 546.08 万人，年均增长 12.8%。2014 年，全市居民人均期望寿命 77.78 岁，孕产妇死亡率 1.831‰，婴儿死亡率 5.56‰，城乡居民健康水平位居西部地区前列。③ 2019 年，在医疗保障方面，投入 2 亿元设立健康扶贫医疗基金，1.9 亿元购买精准脱贫保险，将贫困人口大病救治病种增加到 30 种；同时推进分级诊疗，区县域内就诊率达 90%。④

---

① 参见重庆市南岸区人民政府网，http：//www.cqna.gov.cn/Item/7193.aspx。

②④ 参见重庆市人民政府网，http：//www.cq.gov.cn/zwxx/jrcq/content_ 411392。

③ 参见重庆市人民政府办公厅关于印发《重庆市医疗卫生服务体系规划（2015~2020 年）》的通知。

第二章
金融扶贫与重庆扶贫攻坚战略

第一节　引言

　　贫困是全世界面临的共同难题，消除贫困成为全人类共同的心愿。长期以来，我国政府一直致力于贫困治理工作，习近平总书记在党的十九大上明确指出："要让贫困人口和贫困地区同全国一道进入全面小康社会是我们党的庄严承诺。要动员全党全国全社会力量，坚持精准扶贫、精准脱贫，坚持中央统筹、省负总责、市县抓落实的工作机制，强化党政一把手负总责的责任制，坚持大扶贫格局，注重扶贫同扶志、扶智相结合，深入实施东西部扶贫协作，重点攻克深度贫困地区脱贫任务，确保到 2020 年我国现行标准下农村贫困人口实现脱贫，贫困县全部'摘帽'，解决区域性整体贫困，做到脱真贫、真脱贫。"经过改革开放后一系列扶贫方案的推进和实施，我国的绝对贫困人口数量从 1978 年的 25000 万人迅速减少到 2018 年的 1660 万人，相应的贫困发生率从 30.7% 降至 1.7%，为全世界的减贫贡献率超过 70%，我国的减贫事业取得了举世瞩目的成就。但是，现阶段我国贫困人口的贫困程度更深、脱贫难度更大，正处于"脱贫攻坚拔寨"的关键期，贫困问题已从单维向多维、绝对向相对、静态向动态转化。因此，要确保 2020 年我国全面进入小康社会，找准致贫根源，找到精准脱贫方案至关重要。

　　事实上，因病、因学、因婚等都是我国致贫的主因。从某种意义上讲，上述致贫主因可以归结为"能力贫困"。解决能力贫困问题，金融是必不可少的手段（郭利华等，2018）。第一，这是基于能力贫困内涵的考量。诺贝尔经济学奖得主 Amartya Sen（1976）指出贫困不仅是收入低下，还应该是人的基本可行能力缺乏。有研究指出，这些基本可行能力除了包括免于饥饿、免于疾病、接受教育外，还应该包括获取基本的金融服务（谢家智、车四方，2017）。第二，金融是经济的血液，也是致贫的源泉。诸多学者对我国农村金融排斥进行大量研究，普遍认为我国农户特别是贫困农户受到严重的金融排斥（王修华等，2013）。基础金融服务的缺失导致了各种形式的权利被剥夺，使农户家庭陷入贫困的恶性循环，及时、有效地获得满足生产、生活需要的基础金融服务，是这些人走出贫困恶性陷阱，实现自我发展的重要途径（潘素梅等，2013）。同时，张宁和张兵（2015）指出农村非正规金融主要服务于低收入农户，对收入最低的 1/5 农户纯收入占比的增长具有显著的促进作用，即农村非正规金融通过为低收入农户提供金融服务而对农户内部收入差距的扩大及贫困具有缓解作用。但许多贫困农户因为无法从正规的金融机构获得贷款，也无力承担非正规渠道的高额利息负担，被长期排斥于金融服务之外，他们的脱贫之路因此变得越发漫长；部分有项目的农民也因为无法获得有效的资金支持而创业失败，从而变得越发贫困。发达国家由于二元金融结构问题不突出，农村金融服务的排斥问题得到极大缓解。因此，发达国家金融服务通常不构成农户贫困的主要因素。但是，我国的农村金融发展较为滞后，金融服务成为农村地区，特别是贫困农户贫困的重要因素。由此可见，金融服务的缺失是致贫的源泉，也是贫困发生的结果（谢家智、车四方，2017）。因此，金融在贫困中扮演着重要角色。自然地，金融扶贫就成为我国脱贫攻坚的重要方式。

追根溯源，金融扶贫贯穿于我国扶贫开发的全过程（周逢民，2018）。实际上，在1986年国家实施"八七"扶贫开发计划时，金融部门就开始实施信贷政策，主要向低收入群体和低收入地区发放低息贷款。经过不断的改革和探索，金融扶贫经历了从"输血"到"造血"、从"漫灌"到"滴灌"、从"粗放"到"精准"，形成了开发式扶贫、商业可持续、因地制宜、突出重点的基本工作原则。总之，金融扶贫在增加贫困人群能力发展和增强贫困地区内生动力等方面发挥着重要作用。因此，金融扶贫也是解决贫困问题的重要手段。在党的十八大之后的扶贫攻坚中，重庆市根据中央的决策部署，结合本市实际，对贫困地区实施了专门的金融扶贫措施，推动贫困地区取得了良好的扶贫攻坚效果。鉴于此，本章主要在介绍金融扶贫内涵的基础上，着力阐释金融扶贫的实现机制，梳理金融脱贫攻坚的政策演进、重庆市金融助力脱贫攻坚的基本成效以及重庆市金融扶贫成功的典型案例，为重庆市金融扶贫的未来指明方向。

第二节 金融扶贫实现机制分析

一、金融扶贫的内涵

金融扶贫是我国重要的脱贫攻坚手段。实际上，金融扶贫贯穿于我国整个扶贫开发工作中，其在提高贫困群体的能力和贫困地区内生动力等方面扮演着重要角色。金融扶贫是从多方面、多角度展开的，研究视角的不同造成了金融扶贫内涵的多样性。首先，从资金来源的视角看，金融扶贫是相对于财政扶贫而言的，是指通过信贷、保险等形式，重点满足贫困地区、贫困人口的生产型金融需求，推动"造血"式扶贫模式的发展，以缓解长期困扰农户的资金投入问题，通过为贫困人口创造更多的谋生机会，来提升贫困人群的自我发展能力，从根本上改变贫困地区的面貌（郭兴平，2013）。其次，从扶贫的主客体视角看，扶贫具有较强的正外部性，其主导者必须是政府而非具有逐利性的金融机构，因此金融扶贫的主导者也应该是政府，此外新型的金融机构也应被纳入金融扶贫主体，金融扶贫的对象也不应该仅限于贫困个体（吴义能等，2016）。最后，从扶贫发展实践视角来看，金融扶贫的本质是普惠金融理念的实践，利用市场化手段推进扶贫，着重提高被扶贫对象的主观能动性，金融扶贫以"造血"的形式改变了以往财政支农的"输血"形式，体现了"授之以渔"的观念，并且金融机构也更加注重自身的可持续发展性（周梦亮、彭雅婷，2015）。

由此可见，不同学者基于不同视角阐释了金融扶贫的含义，虽然理解上存在差别，但它们之间也有某些共通之处。第一，金融扶贫的参与主体之一是金融机构，对扶贫开发项目的营利性有一定的内在要求，这决定了金融扶贫既不是慈善救济，也不是纯粹的商业行为，而是在保持资金安全的前提下，通过信贷投放，启动示范和带动效应明显的扶贫项目，激发贫困人群的内生发展动力，从而实现可持续的脱贫和发展。第二，金融扶贫是一种"造血"式的扶贫，具有可持续发展性。第三，金融扶贫坚持以人为本，坚持发挥人的主观能动性，广泛发动群众，增强人的可持续发展能力。第四，金融扶贫是在精准扶贫的框架下，积极发挥金融市场对扶贫工作独特的作用，以帮助扶贫对象脱贫为目的，以信贷、保险等方式为手段，积极提供各类金融服务产品，创新金融服务模式与理念等。

综上所述，本章认为"金融扶贫"是指政府运用法律、货币政策、财政政策等机制或手段，调动金融机构增加对贫困地区信贷资金的供给，为那些长期遭受金融排斥的贫困地区中小企业和贫困群体提供均等的金融服务机会。银行、保险、证券等金融机构通过创新金融产品和服务，为贫困地区的基础设施、产业发展、中小企业、贫困人口或者家庭提供资金支持，最终带动有自主发展能力的贫困人口脱贫致富。

二、金融扶贫的作用机制分析

贫困问题一直是世界各国发展的难题，随着金融在现代经济中发挥着越来越重要的作用，金融扶贫被认为是开发性扶贫的有效手段之一。金融作为市场经济的产物，具有配置资金、平滑消费、分散风险等功能。金融扶贫被称为"造血式"扶贫，它不同于"输血式"的财政拨款扶贫模式，而是通过各金融扶贫主体相互协作，借助于金融手段为贫困地区及贫困人群提供各种金融服务，通过市场化机制来帮助其减贫脱贫。金融缓减贫困可以通过两种机制发挥作用：直接作用机制和间接作用机制。

（一）金融扶贫直接作用机制

无论是富裕人口还是贫困人群，在生活中都可能会面临由于教育、婚丧、健康以及不确定的突发事件等问题而产生的投资机会与消费需求，继而产生相应的金融需求。穷人对金融服务的不同需求，有时候甚至表现得比富人更加迫切（比如储蓄）（Beck，2007）。通常认为，贫困家庭的金融需求主要体现在投资、消费以及不确定性突发事件等方面。

实际上，金融服务的可获得性是金融减贫的重要渠道，金融机构为贫困人群提供其所需的金融服务对缓解贫困具有重要意义。金融服务主要是由银行金融机构以及非银行金融机构提供的信贷、储蓄、保险、风险管理等（见图2-1）。贫困群体通过对这类金融服务的参与是金融发展直接减缓贫困的重要渠道。

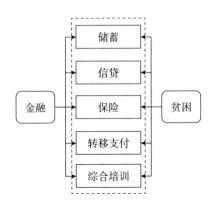

图2-1 金融直接作用于贫困的机制

1. 储蓄服务

储蓄服务是金融服务的重要组成部分。金融机构可以通过为低收入家庭或收入不稳定的贫困家庭提供储蓄服务，帮助其积累资金、平滑消费，增强抵御风险冲击的能力，促进家庭财富的合理规划和使用，缓解其贫困状况。因此，储蓄服务是正规金融的一种重要的减贫途径。一方面，储蓄服务可以为贫困家庭提供安全的资金积累方式，使其获得一定的利息收入，降低了资金闲置的机会成本。另一方面，储蓄可以提高贫困家庭抵御不确定性风险的能力，帮助贫困家庭平滑必要性的消费，降低其贫困的脆弱性。

2. 信贷服务

信贷服务是金融服务的基本组成部分之一。贫困家庭要想摆脱贫困的状况最需要的就是资金，资金能够使得贫困家庭有机会进行项目投资，可以缓解甚至改变贫困家庭的贫困状况。因此，为贫困家庭提供信贷服务对缓减贫困具有最直接的作用。一方面，信贷服务可以增加贫困人群的生产性资产等投资机会，提高贫困人群收入，以达到缓解贫困的目的。另一方面，信贷服务可以帮助贫困人群提高抵御风险的能力，降低其贫困的脆弱性。

3. 保险服务

保险服务是贫困家庭最需要的金融服务之一。保险的基本功能是保障功能，是贫困家庭抵御风险的重要保障。贫困家庭由于收入较低，在面临不确定性风险冲击时表现出更大的脆弱性。保险作为一种互动发展式的社会资金，能够提高贫困者在面临突发事件时寻求外界的支持与服务能力，比如保险服务对财产损失的补偿和对人身危害的给付，能够降低贫困者在生产和生活中因突发事件带来的损失，进而降低他们的贫困脆弱性。因此，贫困家庭最需要金融机构提供的保险服务，在某种程度上贫困家庭对保险的需求就如同对储蓄和贷款的需求。

4. 转移支付服务

转移支付服务也是贫困家庭最需要的金融服务之一。通常而言，贫困家庭主要的收入来源往往是外出打工人员给家人的汇款，同时也是他们抵抗风险的一种额外方式，因此汇款是否安全关系到贫困家庭的生计问题。金融机构能为贫困家庭提供更低成本、更安全且快捷的转移支付服务，来实现贫困家庭主要财产的异地转移支付活动，保证贫困家庭主要财产的安全性。

5. 综合培训服务

金融对减贫的作用表现在，不仅可以为贫困人群提供必要的金融服务，而且还可以为贫困人群提供教育、交流、咨询等综合培训服务，通过这些培训贫困人群不但能够获得相关的技能、经验，增强信心，提升自我能力;同时在培训过程中通过相互学习、交流,使得贫困人群获得更广泛的社会关系以及经济能力,能够推动贫困家庭经济状况的改善,达到金融服务的减贫作用。

综上所述,不同的金融服务都以不同的方式缓解贫困家庭的贫困状况。对于贫困家庭来说,金融机构提供的储蓄、信贷、保险、转移支付和综合培训等金融服务,都可以提高贫困家庭的收入水平,增强贫困家庭的抗风险能力,保证其生活福利水平。因此,金融服务的供给对于缓减贫困有着重要的意义。

(二)金融扶贫间接作用机制

金融发展主要通过两条途径间接影响贫困家庭:一是金融发展的经济增长效应;二是金融发展的分配效应(见图 2-2)。金融发展的经济增长效应是指金融发展促进经济增长,进而使得贫困地区的生产要素条件能够得到相应的改善,生产力水平提升,可以惠及贫困群体,从而达到减贫的作用。金融发展的分配效应是指在金融发展初期,社会上的财富主要聚集在富裕群体手中,收入分配差距较大;随着金融发展的深化,会促使收益增长的机会以及财政资源进行重新分配,而这种重新分配会惠及更多的贫困群体,从而缓解贫困群体的贫困状况。

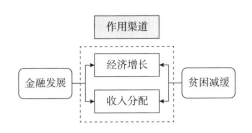

图 2-2 金融间接作用于贫困的机制

1. 金融发展通过经济增长对贫困减缓的作用机制

金融发展减缓贫困的经济增长作用取决于两个环节:一是金融发展对经济增长的作用机制;二是经济增长对贫困减缓作用机制。

第一,金融发展与经济增长。金融功能是金融发展影响经济增长的重要保障。根据经济学理论，经济增长主要取决于资本、劳动力、土地和技术等生产要素。金融体系的发展通过储蓄投资、资源的有效配置等功能促进经济增长，进而减少贫困群体的贫困状况。金融发展影响经济增长的方式主要从家庭、政府、企业三个部门的角度加以阐释。

家庭部门。在金融市场中家庭既是储蓄者也是贷款者。随着金融市场的不断完善，金融机构的储蓄产品日趋丰富，在一定程度上为居民提供获得资金的保值增值的多样化选择，同时为家庭的资金安全提供了一定的保障，从而增强居民的储蓄愿望。家庭部门作为贷款者，可以从金融机构获得消费信贷、教育信贷等。通过消费信贷，家庭部门可以增加对商品服务消费，从而刺激农产品、工业品的生产，进一步促进经济增长。教育信贷可以促使教育率的提升，促进人力资本的形成，提高潜在的生产效率，从而促进经济增长。

政府部门。在凯恩斯的经济理论中，政府在国民经济中的作用主要是消费和投资。政府可以增加消费支出促进经济增长，也可以对包括道路、机场、港口、电信等基建大规模的投资，拉动就业和工业品的消耗促进经济增长。政府部门的投资也为私人部门的发展提供了有利的条件，同样可以促进经济增长。政府投资的资金除了来源于财政预算外，很大一部分也通过金融市场进行债券融资。灵活的债券筹资离不开发达的金融市场。金融的发展使政府部门的筹资渠道更加完善，从而间接地推动了经济的增长。

企业部门。金融发展有效地促进了储蓄向投资的转化。企业部门主要是资金的需求者，金融机构作为特定的中介服务机构能够将投资主体和储蓄主体有机地联系在一起，避免了资金供给者与需求者之间的信息不对称问题，为资金从家庭部门流向企业部门提供了便利，实现储蓄转化为投资。发达的金融市场通过提高储蓄率及鼓励技术创新来促进资本积累，提高企业部门生产效率和竞争力水平，扩大对社会就业的容纳，从而促进经济增长。

第二，经济增长与贫困减缓。经济增长促进贫困减缓主要通过两条途径实现：①涓滴效应。经济增长过程中产生的涓滴效应指出，经济增长的收益即使不能直接使最贫穷的人受益，也能通过中间阶层最终使穷人受益，即经济增长的整体财富会"涓滴"惠及穷人，实现减贫。一方面，经济增长使得富裕家庭可能由于收入的增加而进行更多的消费，贫困家庭作为很多消费品的提供者也会由此获得收益。另一方面，经济社会的高速发展可能会促进企业扩大生产，增加贫困人群运用自身劳动力参与经济增长的机会。涓滴效应这两个方面存在的相互作用关系，能够极大地改善贫困地区的贫困状况。②亲贫困增长。亲贫困增长实质就是使得经济发展成果能够直接惠及贫困群体，使得贫困群体有机会分享经济增长的福利，从而促进了贫困的减缓。一方面，经济增长可以增加政府的税收收入，从而增强政府提供公共产品和公共服务的能力，为贫困地区基础设施建设、医疗卫生服务和教育等领域提供更多的建设资金，使贫困群体享受到更多经济增长的福利，从而达到减贫的效果。另一方面，在经济增长未能通过自发的市场作用来实现贫困群体的收入增长时，政府可以采取相应的宏观调控措施，如出台一系列扶贫政策、增加财政对扶贫工作的资金支持等，促进贫困的减缓。

2. 金融发展通过收入分配对贫困减缓的作用机制

一般来说，经济增长能够在一定程度上促进贫困减缓，但是由于收入分配差距的存在，会对贫困减少产生延缓性的影响。金融发展减缓贫困的收入分配作用同样取决于两个环节：一是金融发展对收入分配的作用机制；二是收入分配对贫困减缓作用机制。

第一，金融发展与收入分配。由于金融发展自身的功能特点，它将通过促进经济增长、企业融资以及人力资本积累等提高收入水平，从而影响收入分配。一方面，金融发展可以通过提升家庭、政府和企业等部门将资金投向实体经济的能力来促进经济增长，而经济增长带来的整体经济水平的提高会以再分配的方式影响收入分配状况。另一方面，金融发展投资转化功能可以为小微企业提供融资服务，帮助其改善融资环境，扩大企业规模。金融发展为贫困人口提供教育信贷，可以促进人力资本积累，从而有利于收入分配的改善。由此可见，金融服务的获得同样也能改善收入分配状况。

第二，收入分配与贫困减缓。收入分配对贫困减缓有着重要影响。收入分配的扩大会对经济增长涓滴效应产生阻碍影响，从而造成收入分配过程中马太效应的出现，换言之，富裕人群将享有更多的社会财富，而贫困人群占有的财富会更少，使贫困人群由于无法获得经济增长带来的收益，很难改善其贫困状况。与此同时，收入分配差距的进一步扩大可能会造成贫困人口进一步丧失生产资料，导致其收入水平降低，从而陷入低收入贫困的恶性循环，阻碍整个社会经济的发展，对贫困减少产生不利的影响。因此，缩小收入分配差距意味着增加贫困人群对更多的社会财富，提高其收入水平，从而促进贫困减缓。

三、金融脱贫攻坚的政策演进过程

脱贫攻坚需要金融支持，政府出台一系列的金融扶贫政策，通过税收、贴息、风险补偿、融资担保等机制，加强贫困地区的金融服务和产品创新，有效发挥金融在扶贫开发中的撬动和支撑作用。在2015年11月召开的中央扶贫开发工作会议上，习近平总书记特别提出"要做好金融扶贫这篇文章"，加大对脱贫攻坚的金融支持力度，特别是要重视发挥好政策性金融脱贫攻坚中的作用。本部分从我国金融扶贫方式的不同特点，系统剖析了我国金融扶贫政策的阶段性演进过程，并对重庆直辖以来金融扶贫政策进行梳理，把握金融扶贫政策的动态演进轨迹。

（一）我国金融扶贫政策的阶段演进过程

我国自1985年开始大规模开发式扶贫以来，金融扶贫一直是扶贫领域的关键环节。从我国反贫困政策的发展阶段来看，扶贫模式由最初的"救济式扶贫"到"开发式扶贫"，再到如今的扶贫攻坚与精准扶贫阶段，金融扶贫手段日趋多样化，金融各种服务机制发挥重要作用，为贫困地区可持续脱贫奠定了基础。金融扶贫政策随着国家扶贫方针的调整而不断演变。回顾改革开放40年来的扶贫政策演进轨迹，1985~2018年，国家层面以中共中央、国务院名义及金融监管部门颁布的涉及金融扶贫领域的政策文件共计百余件，本部分重点以这些政策文本作为分析对象，梳理出中国金融扶贫政策的演进路径及阶段性特征。

1. 大规模扶贫开发阶段的金融扶贫政策（1985~2000年）

自1985年起，根据贫困的区域性特点，中国政府开始采取一系列重大措施：成立专门扶贫工作机构，安排专项资金，制定专门的优惠政策，并对传统的救济式扶贫进行彻底改革，确定了开发式扶贫方针。1986 年，国务院成立"贫困地区经济开发领导小组"，直接负责全国性扶贫政策措施的制定与实施，标志着有组织、有计划、大规模的政府扶贫工作在全国范围内得以展开。

为了支持国家大规模扶贫开发战略的实施，1986 年国务院专门出台了扶贫贴息贷款的信贷扶贫政策，决定在"七五"期间，中央银行继续发放地区经济贷款和地区经济开发贷款的同时，每年安排 10 亿元的扶贫贴息贷款，贷款由中国农业银行与各级扶贫办统一发放和管理。同年中国农业银行开办"扶持贫困地区专项贴息贷款"，贷款资金由中央银行专项安排，农行发放并进行专项管理。1986 年 11 月，中央银行和农行联合发布《扶持贫困地区专项贴息贷款管理暂行办法》。1994 年 4 月，中共中央颁布的《国家八七扶贫攻坚计划（1994–2000 年）》是扶贫工作的纲领性文件，明确提出集中人力、物力、财力，动员社会各界力量，力争用 7 年左右的时间，基本解决农村贫困人口的温饱问题。其中，决定从 1994 年起再增加 10 亿元以工代赈资金，10 亿元扶贫贴息贷款执行到 2000 年；银行扶持贷款用于经济效益较好、能还贷的开发项目。1999 年，中国人民银行发布了《关于调整扶贫贴息贷款和再贷款利率的通知》，规定了扶贫贴息贷款的使用方向，扶贫贴息贷款应该投放到经济效益好的项目上，扶贫贴息贷款由农业银行发放，中央银行不再向农业银行发放。1999 年《农村信用合作社农户联保贷款管理指导意见》和《农村信用社农户小额信用贷款管理暂行办法》出台，小额信贷业务开始在农村推广。得益于中央政府高度重视和金融扶贫的信贷支持，以 1978 年农村贫困标准为界限，1985 年我国贫困人口数量达到 1.25 亿人，而到 2000 年下降到 3200 万人，农村绝对贫困发生率由 14.8% 减少到 3.6%。①

总体来看，这一时期金融扶贫相关的政策较少，主要涉及扶贫贴息贷款及其使用效益，政策工具类型相对来说还比较单一。从 1986 年政府确定"开发式"扶贫战略到 2000 年"国家八七扶贫攻坚计划"完成，金融扶贫

---

① 参见《中国统计年鉴》。

政策在一定程度上克服了以往"救济式"扶贫的缺陷，但由于整体的金融发展水平较为落后，金融机构和产品的单一，金融扶贫的效率低下，已有的金融扶贫手段主要是通过金融参与减贫的间接机制带动农村经济发展，进而帮助农村实现脱贫，因而金融反贫困的作用发挥受限。

2. 综合式扶贫开发阶段的金融扶贫政策（2001~2010 年）

"国家八七扶贫攻坚计划"扶贫目标和任务完成后，2001 年 7 月，中共中央、国务院颁布印发《中国农村扶贫开发纲要（2001-2010 年）》，明确了 21 世纪第一个十年里我国扶贫开发的总目标。

这一时期，国家开始重视金融在扶贫开发中的作用，中央政府和金融监管部门制定了一系列相关政策，引导各级各类金融机构和资金流向农村地区开展金融服务。2004~2010 年，历年"中央一号文件"都明确提出要增加金融机构对"三农"的支持力度，加大信贷投放，提出在农村地区开展形式多样的担保和保险业务，积极探索建立功能齐备的农村金融体系。2006 年 12 月 22 日，中国银监会发布《关于调整放宽农村地区银行业金融机构准入政策 更好支持社会主义新农村建设的若干意见》，鼓励各类资本设立村镇银行，鼓励农村小企业和农民设立社区性信用合作组织，开展村镇银行、小额贷款公司等新型农村金融机构试点。2008 年 8 月，国务院办公厅印发《关于当前金融促进经济发展的若干意见》（国办发〔2008〕126号）提出发挥农村信用社等金融机构支农主力军作用，扩大村镇银行、小额贷款公司试点；增加扶贫贴息贷款，建立农村信贷担保机制，指导农村金融机构开展林权质押贷款业务；并提出积极发展"三农"保险，探索农产品期货新品种。2008 年 10 月，印发《关于加快推进农村金融产品和服务方式创新的意见》（银发〔2008〕295 号），提出积极发放农户联保贷款；探索发展抵押贷款、质押贷款以及基于订单与保单的金融工具，开发"信贷+保险"；鼓励地方政府建立涉农贷款风险补偿制度，建立保险补贴金制度。2010 年，印发《关于全面推进农村金融产品和服务方式创新的指导意见》（银发〔2010〕198 号）提出探索开展农村土地承包经营权和宅基地使用权抵押贷款业务；鼓励设立涉农担保资金或成立涉农担保公司。以 2000 年确定的农村贫困标准为界限，2000 年我国贫困人口数量达到9422 万人，而到 2010 年则下降至 2688 万人，农村绝对贫困发生率由

10.2%减少到2.8%①

总体来看，2001~2010年，这个时期与金融扶贫相关的政策有36条之多，政策上鼓励各类金融机构建立和完善农户自信评价体系，积极发放各类扶贫贷款，金融减贫机制得到一定程度的发挥。从政策梳理中发现，由于金融扶贫贷款创新形式的多样性，增加了贷款可获得性，使更多的贫困人群能够享受到金融服务。同时，国家的优惠补贴政策，也保证了各类农村金融机构开展贷款业务的积极性。相较于贷款而言，农业保险以及期货等市场的创新相对不足，但政策上也给予了积极鼓励和引导。总的来说，这段时期的农村金融创新速度加快，但产品和服务还不全面和完善，需要继续探索发展全方位、多样式的农村金融产品和服务，提升贫困地区人群和涉农企业的资金获取能力，实现农村金融体系全面发展。

3. 扶贫攻坚和精准扶贫阶段的金融扶贫政策（2011年至今）

从21世纪的第二个十年开始，为缩小地区之间的发展差距，提高贫困人口的生产生活条件，实现到2020年全面建成小康社会。2011年，中共中央、国务院印发《中国农村扶贫开发纲要（2001-2010年）》，其中明确了2011~2020年我国扶贫开发的总目标，国家扶贫战略正式把金融扶贫纳入扶贫战略的组成部分。

2011年，中共中央、国务院印发《中国农村扶贫开发纲要（2001-2010年）》，明确提出要继续开展金融服务，其主要举措是"继续完善国家扶贫贴息贷款政策，积极推动贫困地区金融产品和服务方式创新，鼓励开展小额信用贷款，努力满足扶贫对象发展生产的资金需求，继续实施残疾人康复扶贫贷款项目；尽快实现贫困地区金融机构空白乡镇的金融服务全覆盖，引导民间借贷规范发展，多方面拓宽贫困地区的融资渠道"。2013年12月，中共中央办公厅、国务院办公厅印发《关于创新机制扎实推进农村扶贫开发工作的意见》的通知，明确提出要"完善金融服务机制。要充分发挥政策性金融的导向作用，支持贫困地区基础设施建设和主导产业发展。引导和鼓励商业性金融机构创新金融产品和服务，增加贫困地区信贷投放。推动金融机构网点向贫困地区乡镇和社区延伸，改善农村

---

① 参见《中国农村贫困监测报告》（2017）。

支付环境，加快信用户、信用村、信用乡（镇）建设，发展农业担保机构，扩大农业保险覆盖面"。2014年3月，《关于全面做好扶贫开发金融服务工作的指导意见》出台，从健全金融组织体系、创新金融产品和服务、夯实金融基础设施、优化金融生态环境等方面确立了扶贫开发金融服务的十项重点工作。2015年11月，中共中央、国务院在《关于打赢脱贫攻坚战的决定》中明确提出，要加大金融扶贫力度。要求鼓励和引导商业性、政策性、开发性、合作性等各类金融机构加大对扶贫开发的金融支持。运用多种货币政策工具，向金融机构提供长期、低成本的资金，用于支持扶贫开发。2016年3月24日，中国人民银行联合七部委印发了《关于金融助推脱贫攻坚的实施意见》，提出要精准对接脱贫攻坚多元化融资需求、大力推进贫困地区普惠金融发展，充分发挥各类金融机构助推脱贫攻坚主体作用。2016年11月，国务院在印发的《"十三五"脱贫攻坚规划》中，将金融政策纳入保障措施，明确提出发挥多种货币政策工具正向激励作用，鼓励银行业金融机构创新金融产品和服务方式。2019年7月，以2010年确定的农村贫困标准为界限，我国2011年贫困人口数量为12238万人，到2018年末则下降至1660万人，农村绝对贫困发生率由12.7%减少到1.7%①

与前两个阶段金融扶贫政策文件相比较，本阶段的金融支持脱贫攻坚力度空前。尤其是党的十八大以来，以习近平总书记为核心的党中央高度重视脱贫攻坚工作，一系列金融支持扶贫开发的政策文件密集出台，2011~2019年，金融扶贫政策文件数量增长迅速，如仅在2015~2017年，就有17份文件对"财政与金融资本合作"的有关问题提出了意见。此阶段的金融政策主要涉及金融工具、金融机构建设和政策保障等等，致力于全面改善贫困地区的金融服务水平。由此可见，这个阶段的金融扶贫举措更加丰富、具体且更具有可操作性。

（二）重庆市直辖以来金融扶贫政策梳理

重庆市直辖以来，在党中央、国务院金融扶贫总体政策思路的指导

---

① 参见国家统计局。

下，市委市政府及金融管理部门结合地区实际制定了一系列涉及金融扶贫领域的政策文件，与国家政策文件配套形成了系统支持重庆金融扶贫的政策框架。表 2-1 是对重庆市直辖以来金融扶贫领域的代表性政策文本进行的梳理。

表 2-1　重庆市金融扶贫领域代表性政策文本梳理

发布时间	政策文本名称	发文机构	主要内容
1997 年	《关于印发重庆市五三六扶贫攻坚计划的通知》（重府发〔1997〕76 号）	市政府	规定农业银行、农业发展银行和其他金融部门要负责组织好本级扶贫贴息贷款的规模与资金；根据扶贫开发的特点和需要，适当延长扶贫贷款的使用期限，放宽抵押和担保条件；贫困县县办企业和扶贫龙头企业承贷扶贫信贷资金，自有资金比例可适当降低
1997 年	《重庆市人民政府关于加强对扶贫资金管理的通知》（重府发〔1997〕50 号）	市政府	明确规定了各级财政、信贷等资金管理部门，要确保扶贫资金及时足额到位。扶贫专项贷款，重点支持效益好、能还贷、能带动千家万户脱贫致富的种植业、养殖业、林果业和农副产品加工业项目。各国有商业银行要安排一定比例的资金，积极帮助和支持贫困地区的开发建设
2001 年	《重庆市农村扶贫开发十年纲要（2001-2010）》	市政府	国家扶贫贷款主要用于重点贫困地区，支持能够带动贫困人口增加收入的种养业、劳动密集型企业、农产品加工企业、市场流通企业以及与扶贫密切相关的基础设施建设项目。扶贫贷款执行统一优惠利率
2006 年	《重庆市人民政府关于促进重庆金融业加快发展的若干意见》（渝府发〔2006〕114 号）	市政府	深入推进服务县域、农村和民间融资的信用工程建设，营造良好的信用环境

续表

发布时间	政策文本名称	发文机构	主要内容
2008 年	《重庆市推进小额贷款公司试点指导意见》	市政府	改善重庆市农村和欠发达地区金融服务,鼓励小额贷款公司在重庆市金融服务薄弱地区设立机构、开展业务,积极引导小额贷款公司面向农户和微型企业提供信贷服务
2010 年	《重庆市人民政府关于加快推进农村金融服务改革创新的意见》(渝府发〔2010〕115 号)	市政府	全面推进农村土地承包经营权、农村居民房屋和林权等产权抵押融资为核心创新农村金融制度,以发展新型农村金融机构为重点创新完善农村金融组织体系,以推动农村信贷资产和权益流转、建立农村金融风险分担机制为中心创新农村金融服务配套支撑体系,为农村经济社会发展提供全方位的金融支持
2011 年	重庆市农村扶贫开发纲要实施办法(2011-2020 年)	市政府	继续完善国家扶贫贴息贷款政策。积极推动贫困地区金融产品和服务方式创新,鼓励开展小额信用贷款,努力满足扶贫对象发展生产的资金需求。继续实施残疾人康复扶贫贷款项目。尽快实现贫困地区金融机构空白乡镇的金融服务全覆盖
2013 年	《重庆市人民政府关于加快推进高山生态扶贫搬迁工作的意见》(渝府发〔2013〕9 号)	市政府	积极引导搬迁对象将自有积蓄、地票收益等资金用于搬迁安置。加大金融支持力度,对贫困户搬迁给予担保公司担保和银行"三权"抵押贷款支持,并由扶贫资金给予适当担保费补助和扶贫小额到户贷款贴息
2013 年	《重庆市农村残疾人扶贫开发规划(2011-2020 年)》(渝府办发〔2013〕20 号)	市政府	鼓励商业银行发挥微型企业创业扶持贷款和小额担保贷款等信贷产品的作用,为农村残疾人创业提供贷款支持。继续安排农村残疾人康复扶贫贴息贷款,拓宽贷款覆盖面,加强对农村残疾人扶贫基地的信贷支持。发展针对农村贫困残疾人家庭的免抵押小额贷款产品,鼓励融资性担保机构积极为农村贫困残疾人家庭提供融资担保服务。使用贫困村互助金为符合条件的残疾人及家庭发展生产提供支持

续表

发布时间	政策文本名称	发文机构	主要内容
2014 年	《关于集中力量开展扶贫攻坚的意见》（渝委发〔2014〕9号文件）	市委、市政府	明确提出强化金融机构服务。要求完善扶贫贷款贴息政策，支持金融机构创新金融产品和服务方式，增加贫困地区信贷投放，推动金融机构网点向贫困乡镇、贫困村延伸，改善农村支付环境。优先支持贫困区县培育发展合作金融组织，推动社区性农村金融互助组织发展。积极探索政策性银行、商业银行与互助资金组织合作模式，加大向贫困农户信贷投放额度
2015 年	《关于探索开展扶贫小额信贷工作的通知》（渝扶办发〔2015〕68号）	市扶贫办、市财政局、人行重庆营业管理部	制定扶贫小额信贷探索工作政策。对贫困地区支农再贷款利率在正常利率基础上再下调，引导贫困地区存款主要用于贫困地区，扩大贫困地区农村产权抵押融资规模
2015 年	《关于开展 2015 年度农村扶贫小额保险工作的通知》（渝扶办发〔2015〕98号）	市扶贫办	制定扶贫小额保险政策。推进现有政策性农业保险险种在贫困区县全覆盖，探索推进新型特色产业保险，推广贫困户农房安全、人身保障等扶贫保险产品
2015 年	《关于精准扶贫精准脱贫的实施意见》（渝委发〔2015〕19号文件）	市委、市政府	提出精准提供金融扶贫支持，在贫困地区建立多层次融资机制。引导贫困地区存款主要用于贫困地区。鼓励各类金融机构到贫困乡镇、贫困村设立服务网点。扩大贫困地区农村产权抵押融资规模。探索农村产权抵押物互助合作保险试点。引导村镇银行等创新性支农金融机构在贫困区县全覆盖，推出低门槛、低利率、广覆盖的新型金融产品
2015 年	《重庆市金融业贯彻落实"精准扶贫、精准脱贫"行动方案》（渝扶办发〔2015〕36号）	市扶贫办	提出对接扶贫对象金融需求，精准确定金融扶贫对象、精准创新金融产品和服务、实施金融扶贫主办行制度、推动金融扶贫示范点建设。引导金融资源向贫困地区倾斜，加强贫困区县金融基础设施建设

续表

发布时间	政策文本名称	发文机构	主要内容
2017年	《关于深化脱贫攻坚的意见》（渝委发〔2017〕27号）	市委、市政府	提出要加大金融扶贫力度。深入实施扶贫小额信贷，实现有意愿、有条件的扶贫对象全覆盖。大力实施易地扶贫搬迁贷款、农产品收益保险、扶贫小额信贷保证保险。加大对贫困地区扶贫再贷款、再贴现支持力度。完善贫困村互助资金管理制度。积极推进贫困人口"精准脱贫保"，完善政策性保险与商业保险相结合的保险扶贫机制
2018年	《关于深化金融精准扶贫支持深度贫困地区脱贫攻坚的实施意见》	人行重庆营业管理部、市金融办、市扶贫办等10个部门	深化金融精准扶贫服务，着力支持重庆市深度贫困地区脱贫攻坚。力求进一步增强金融精准扶贫利益联结机制的紧密度，支持建档贫困户增强自我发展能力，形成金融与扶贫的可持续发展
2019年	《关于金融助推打赢脱贫攻坚战三年行动的实施意见》	人行重庆营业管理部、重庆市地方金融监管局等7部门	要求金融机构围绕深度贫困地区、金融与产业联动扶贫、多渠道金融服务创新、优化金融生态环境及加强金融风险防范五个方面，做好18项工作

从重庆市直辖以来金融扶贫领域政策文本的演进轨迹可以发现，直辖之初重庆市在金融扶贫领域相关的政策较少，主要侧重于金融扶贫贷款等方面展开，而近十年来金融扶贫领域的政策文本更侧重于贫困地区金融工具、机构建设以及金融生态建设和政策保障等，这与国家层面金融扶贫政策文本的演进轨迹具有一定的吻合性。尤其是在党的十八大后，以习近平总书记为核心的党中央高度重视脱贫攻坚工作，重庆市委、市政府、市扶贫办、人行重庆营业管理部等密集出台了一系列涉及金融扶贫的政策文件，在完善贫困农村基础设施、推进贫困农村产业发展、改善贫困群众生产生活条件、增加贫困群众经济收入等方面均发挥了重大的作用。

第三节　重庆金融助力脱贫攻坚的基本成效

在党的十八大之后的扶贫攻坚中，根据中央的决策部署，重庆结合本市的实际，对贫困地区实施了一系列专题扶贫措施，推动贫困地区取得了良好的扶贫攻坚效果。其中，金融扶贫是重庆市专题扶贫中的重要举措之一，但也是扶贫领域的薄弱环节之一。近年来大量研究表明，金融抑制会使农民陷入"之所以穷因为穷"的恶性循环（张鑫等，2015）。事实上，造成农户家庭贫困的原因很多，而贫困人口缺少适宜的、有效的金融服务就是其主要原因之一（徐涛，2013）。重庆市是一个集大城市、大农村、大山区、大库区于一身的特殊直辖市，其很多地方尤其是农村地区金融缺失程度极为严重。但是，由于近年来重庆市大力推进金融助力贫困，使重庆市的脱贫工作取得了显著成效。截至 2018 年底，重庆市的贫困区县还剩4 个，贫困村减少为 33 个，贫困人口减少到 13.9 万人，贫困发生率降低为 0.7%[①]。总体上，重庆市金融助力脱贫攻坚取得的成效表现在以下几方面：

一、重庆贫困区县金融基础设施显著增强

金融基础设施是保障贫困农户获取金融服务的重中之重，也是做好金融扶贫工作的前提。近年来，在稳定和优化县域网点、乡镇网点的基础上，重庆市各股份制银行、城市商业银行纷纷到贫困区县设立分支机构，2016 年底，村镇银行对贫困区县实现了全覆盖，并下设分支网点、下沉服务重心、下延服务触角。各银行业金融机构因地制宜，综合采取布放ATM、电话银行、网上银行、手机银行、背包银行、流动服务车、自助服

---

① 参见重庆日报网《我市开展"不忘初心、牢记使命"主题教育集体调研纪实》，https://www.cqrb.cn/content/2019-07/17/content_ 201137.htm。

务点、POS 机等多种方式，提升了金融服务网点覆盖贫困村和贫困户的金融服务便利度。在部分地方探索建设了"农村金融综合服务站"，将金融服务触角延伸到贫困村和贫困户。保险公司、担保公司、证券公司在贫困区县的网点实现了稳中有增，农村基层保险服务网络更加完善，打通了保险服务贫困户的"最后一公里"。2017 年底，实现了 1919 个贫困村农村基础金融服务的全覆盖。2018 年底，金融机构网点布局下沉，小微专营支行、社区支行等机构约 300 家。

二、重庆贫困区县金融服务产品不断创新

1. 扶贫小额信贷

扶贫小额信贷是精准扶贫政策体系的重头戏和巩固脱贫成果、增强贫困户"造血功能"的重要抓手。2014 年，重庆市扶贫办就与中国邮政储蓄银行重庆分行合作，在酉阳县启动了扶贫小额信用贷款试点工作。重庆市扶贫办安排 1400 万元财政扶贫专项资金建立风险补偿金，邮政储蓄银行按照 1∶10 的比例放大，针对酉阳县贫困农户发展扶贫产业，发放"两年期、5 万元、财政贴息"的扶贫小额信用贷款。2015 年，通过竞争入围的方式，确定了黔江、石柱等 9 个区县为"重庆市扶贫小额信贷试点县"，开展"无抵押、无担保、期限 3 年、额度 5 万、利率优惠、财政贴息、风险共担"的小额信贷工作。2016 年，在全市贫困地区全面推广"免抵押、免担保、3 年期限、5 万额度、财政贴息、风险分担"的扶贫小额信贷工作，市里设立了 1 亿元的扶贫小额信贷风险补偿金。但到当年底，扶贫小额信贷依然存在贷款规模小、贫困户获贷率低的"双低"问题，甚至影响了 2016 年度重庆在全国的扶贫综合考核。2017 年，重庆市采取了制定专门实施意见、举办专题业务培训、按月通报区县进展情况、重点督导滞后区县等措施，基本解决了扶贫小额信贷"双低"问题。到 2017 年底，累计发放扶贫小额信贷 13.83 亿元，贷款户数 30024 户，一举扭转了后进局面。

2014 年，重庆市扶贫办牵头，在深入调研的基础上，开始在全市推广开县民丰互助合作会金融扶贫的经营和模式。该会是 1988 年按照国务院要

求开展的小额信贷扶贫试点单位。经过几十年的探索发展，该合作会建立了会员互助、信用小贷、方便快捷、内部管控、精准扶贫等一套较为成熟的机制。2014年，合作会总资产近19180万元，自成立以来累计投放各类小额贷款近18亿元，户均贷款余额2.5万元，授信贫困农户户均增收2000元以上，使17万户共50万人次受益，不良贷款率控制在1%以下。该合作会建立的市场化经营管理模式，为如何利用金融工具支持贫困地区发展探索了成功的经验。2014年的"中央一号文件"明确要求"发展新型农村合作金融组织"。重庆决定通过三到五年建立起覆盖全市贫困地区的扶贫金融体系。

2. 扶贫贷款贴息

扶贫贷款贴息是增强贫困地区和贫困群众脱贫"造血功能"的重要手段。早在2010年，重庆就将国务院扶贫办和财政部定的3%的贴息标准调整为5%。2013~2017年，重庆逐步扩大扶贫贴息范围，由过去单一的种养业扩大到包括种养业、加工业、小型基础设施、乡村旅游、农业生产资料、扶贫培训等领域；贴息主体拓展到龙头企业、合作社、家庭农场、农户以及工业园区。2013年，安排财政专项扶贫贴息资金6585万元，在22个区县贴息贷款规模29.26亿元，比2012年提高了37.4%，支持了6.1万贫困户、156个农业龙头企业和农民合作社开展产业扶贫，贴息小额到户贷款3.14亿元。2014年，改进扶贫贴息资金管理方式，市扶贫办与市财政局、市农委等部门一道，采取统一申报文件、统一申报要求、统一联合上报的方式，规范扶贫项目贴息程序，避免多头贴息和重复贴息。2014年，安排财政专项扶贫资金1940万元贴息资金，对2.2万贫困户4亿元小额到户贷款给予了贴息；安排4815万元贴息资金对产业发展的24亿元贷款给予了贴息。2015年，安排1500万元财政专项扶贫贴息资金，支持996家扶贫企业，覆盖996个贫困村，带动3.6万贫困户发展产业；安排涉农贷款贴息资金3500万元，支持贫困地区产业发展。2016年，市级以上资金全部切块到区县，财政扶贫贴息由区县安排实施。2017年，市里安排9600万元易地扶贫搬迁贴息资金，对易地扶贫搬迁长期贷款42.6亿元给予了贴息。

3. 贫困村村级互助资金

贫困村互助资金是为解决贫困户发展产业资金困难而设立的非营利性的金融扶贫项目。早在 2007 年，重庆就按照国务院扶贫办要求，在 2 个区县 10 个村开展了贫困村互助资金试点。到 2013 年底，全市 32 个区县开展互助资金试点的贫困村达到 1327 个，资金规模 2.89 亿元；加入互助资金组织的农户 12.9 万户，其中建卡贫困户 4.8 万户；当年发放借款 1.78 亿元，其中贫困户借款 7941.6 万元，占比为 44.7%。互助资金实行动态管理制度，到 2017 年底，全市 1162 个贫困村建有村级互助资金组织，资金规模 2.93 亿元，入社农户 16.4 万户，累计发放借款 7.4 亿元，在促进贫困农户产业发展上起到了不小的作用。

4. 扶贫小额保险

2013 年 9 月，重庆市扶贫办、中国人寿重庆公司联合下发《关于开展重庆市农村扶贫小额保险试点工作的通知》（渝扶办发〔2013〕95 号），在开县、忠县、黔江、石柱、江津 5 个区县开展以为扶贫对象提供因意外伤害导致的死亡、残疾、意外Ⅲ度烧伤和因意外伤害而产生的医药费用的保险保障试点工作。扶贫小额保险分为"国寿农村小额意外伤害保险"和"国寿附加小额意外费用补偿医疗保险"两种。当年，市里为每个试点区县安排 40 万元财政专项扶贫资金，共为 10 万贫困人口购买了扶贫小额保险。该试点分每人每年缴费 30 元、40 元、50 元三个档次。保费采取"市级定额专项补助+区县配套+群众自愿缴纳"的模式，市级财政专项资金按 20 元/人标准补助，下差部分通过区县财政配套、社会帮扶资金或参保户自行缴纳等方式解决。从 2013 年 9 月到 2014 年 4 月，5 个试点区县共发生理赔案件 380 起，赔付金额 103.4 万元，平均每起赔付 2720 元，赔付额占总保费的 34.5%。测算全年赔付金额突破 200 万元，赔付率达 70% 左右。试点达到了贫困群众满意、多方共赢的效果。2015 年 6 月，重庆市扶贫办下发《关于开展 2015 年度农村扶贫小额保险工作的通知》（渝扶办发〔2015〕98 号），部署在全市 18 个扶贫开发重点区县和 15 个有扶贫开发任务的非重点区县全面开展农村扶贫小额保险工作。扶贫小额保险主要为农村扶贫对象提供因意外伤害导致的死亡、伤残和因意外伤害而产生的医药费用的保险保障。以户为单位参保，保费 70 元/户，保险期限为1年，从投保之日起至满一年时止。市级按50元/户标准将补助资金下达到相关区县，其余20元由区县或农户自筹。赔付责任为每户死亡或伤残赔付最高8万元，意外医疗每户最高8000元，每人保险金额根据该户参保人员数进行均分。扶贫小额保险以2014年确认的农村建卡贫困户为对象，对全市33个区县（含万盛经开区）的48.2万建卡贫困户实现了全覆盖。

5. 精准脱贫保

在总结经验的基础上，2017年1月，重庆市扶贫办下发《关于切实做好贫困户"精准脱贫保"参保工作的通知》（渝扶办发〔2017〕2号），紧紧瞄准贫困人口因病、因学、因灾致贫返贫突出的状况，采取政府购买服务的方式，发挥商业保险覆盖面广、保障全面、赔付快捷等优势，运用商业保险大数法则，整合相关扶贫保险品种，综合设计了一款"政策全覆盖、保费较低廉、确保赔付率、实现可持续"的精准脱贫商业保险产品，简称"精准脱贫保"。精准脱贫保集小额意外保险、大病补充保险、疾病身故保险、贫困学生重大疾病保险、贫困户农房保险5个内在险种于一体，是一款具有创新意义的金融扶贫产品。精准脱贫保以2014年6月30日以来建档立卡贫困人口、2014年以来已脱贫人口及新识别贫困人口为保险对象，统一由财政专项扶贫资金按每人每年100元保费标准进行购买，实现了建卡贫困人口全覆盖。在此基础上，2017年，重庆在深度贫困乡镇试点"精准脱贫保+产业扶贫保"商业扶贫保险机制，力求为贫困户产业发展再上一道保险。

2017年，针对有产业项目的贫困户，重庆在深度贫困乡镇开展"产业精准脱贫保"试点，创新推出"两固定一自助"参保模式（固定保费、固定保险金额，贫困户"自助式"投保），实行"1+N"运行方式（"1"即全市农业保险精准扶贫综合保险框架方案，"N"即区县细化制定地方农业保险精准扶贫综合保险实施方案），力争率先在深度贫困乡镇实现扶贫农业产业全覆盖、建档立卡贫困户全覆盖、农业生产成本全覆盖、贫困户产业脱贫路上"零风险"的"三个全覆盖、一个零风险"的农林产业保险新机制。

三、重庆金融精准扶贫的成效立竿见影

2016 年，重庆市金融系统以建档贫困人口为目标，创新实施金融精准扶贫系列工作举措，成效明显。

1. 金融精准扶贫贷款持续增加

据初步统计，截至 2016 年 3 月底，重庆市金融机构精准扶贫贷款余额 163.4 亿元，较年初增加 32.7 亿元，其中对"发展生产脱贫一批"贷款余额 116 亿元，惠及 7.2 万户、25 万人；对"易地搬迁脱贫一批"贷款余额 34 亿元，惠及 6.8 万户、24.1 万人。村镇银行贫困区县覆盖率达到 97%，在贫困村或贫困村所在乡镇布局银行网点、银行卡助农取款服务点、农村便民金融自助服务点 4000 多个，农村基础金融服务行政村覆盖率超过 90%。贫困区县当年实现债券融资 57 亿元，保险赔付累计支出 15.16 亿元。

重庆市在加快破解金融扶贫这个难题上取得了显著进展。到 2017 年底，推出"扶贫贷""再贷款+"等精准扶贫金融产品 30 多个，金融精准扶贫贷款余额 971.3 亿元，建立金融扶贫风险补偿金 4.23 亿元，新增易地扶贫搬迁贷款 27.9 亿元，生源地助学贷款余额达 20.7 亿元，发放创业担保贷款 10.9 亿元，贫困区县企业发行各类债券融资 416 亿元，金融精准扶贫惠及贫困人口 300 余万人次。

2017 年以来，重庆市通过财政金融联动扶贫等举措，持续改善金融精准扶贫政策环境，推动全市金融精准扶贫工作取得了明显成效。截至 2017 年 6 月底，全市 14 个国家扶贫开发工作重点区县的贷款余额合计达到了 2508.73 亿元，同比增长 13.46%。另外，在人民银行重庆营业管理部等部门支持下，重庆市金融行业还加大了对贫困地区农村的基础金融服务力度，拓宽了对贫困区县企业的融资渠道。14 个国家扶贫开发工作重点区县的 3844 个行政村已覆盖基础金融服务，覆盖率达 95.93%，较当年年初提高 0.97 个百分点。

截至 2018 年 9 月底，重庆市金融精准扶贫贷款达到 1051 亿元，①，同比增长 22.3%，惠及建档立卡贫困户 320 多万人次。同时，重庆市金融扶贫产业带动效应积极显现，全市 137 个金融扶贫示范点对产业扶贫支撑力度明显加大。例如，重庆市农村商业银行示范项目企业为开县大巴山中药材公司提供贷款授信 9540 万元，带动消化贫困劳动力大约 300 人；石柱中银富登村镇银行依托央行支农再贷款，重点向当地示范点种植辣椒的扶贫主体、贫困户提供贷款 2.2 万元，带动全县辣椒产量、产值均创历史新高。此外，重庆市构建了金融与建档立卡贫困户之间坚实的利益联结机制，其中以"金融+贫困户""金融+产业+贫困户""金融+项目+贫困户"以及"基础金融服务+贫困户"等模式的联结机制为主，从吸纳就业、供销带动、股权合作等多个方面加强精准支持，如邮政储蓄银行重庆分行推出"涉龙头企业+养殖大户+经销商"产业链模式贷款，累计向 4 家龙头企业、96 名农户发放贷款 2652 万元等，金融扶贫深度、广度显著提升。

2. 构建大金融扶贫工作格局

出台《重庆金融业贯彻落实"精准扶贫、精准脱贫"行动方案》，40 多家金融机构制定具体实施方案，相关政府部门主动衔接并加强政策整合联动，基本形成人民银行统筹协调与相关政府部门、金融机构等共同参与的大金融扶贫格局。

3. 开展金融精准扶贫"四大行动"

实施金融扶贫主办行行动，确定农业银行重庆分行、邮政储蓄银行重庆分行、重庆农村商业银行、重庆银行和重庆三峡银行金融扶贫主办行。5 家涉农或地方法人银行对 18 个贫困区县进行划片包干，承担对口贫困区县金融扶贫的"大数据、主推进、全服务、总托底"职能。开展金融扶贫示范点创建，主办行在对口贫困区县至少创建 3 个金融扶贫示范户或者示范村，非主办行至少创建 3 个示范企业或者示范项目，截至 2016 年底，已经成功创建 54 个市级金融扶贫示范点。打造"一行一品"金融服务体系，全市金融机构已推出 30 多个金融扶贫"拳头"产品，建立金融精准扶贫

① 参见潘功胜. 金融精准扶贫：政策、实践和经验 [M]. 北京：中国金融出版社，2019.

专项统计制度，并在辖区内搭建金融精准扶贫信息系统电子化平台，客观、高效衡量金融精准扶贫成效。

4. 优化政策性金融扶贫"五大产品"

向贫困地区村镇银行投放扶贫再贷款 4.01 亿元，安排 9 亿元的再贴现度对贫困区县的扶贫开发相关企业票据优先给予再贴现支持。发展"免抵押、免担保、3 年期"的扶贫小额信贷产品，累计投放约 12 亿元。加大易地扶贫搬迁贷款投放，全年累计向贫困区县投入 42 亿元。开展生源地补充助学贷款，针对建档立卡贫困户家庭学生给予额外 1000~8000 元的贷款额度，2016 年全年发放贷款 44 万元，惠及 73 户建档贫困学生家庭。优化创业担保贷款政策，将政策覆盖面扩大至建档贫困人口以及招聘贫困人口就业的小微企业保险试点和大病救助保障试点。加强基础金融服务的支持力度。贫困区县村镇银行实现全覆盖，贫困村或贫困村所在乡镇金融服务点达到 400 多个，农村基础金融服务覆盖率达到 97.05%。稳步扩大贫困村互助资金覆盖范围。实施精准扶贫小额到户贷款工程，为贫困户提供"5 万元以内、3 年以下基准利率、免抵押、免担保"的小额信贷支持，由财政扶贫资金给予贴息。建立扶贫小额贷款风险补偿金，对贫困户扶贫小额信贷、搬迁建房贷款、教育助学贷款、大学生创业贷款等提供风险补偿。推广小额贷款保证保险。推进现有政策性农业保险险种在贫困区县全覆盖，探索推进新型特色产业保险，对符合条件的贫困户加大保费补助。推广贫困户农房安全、人身保障等扶贫小额保险产品。

5. 改善金融精准扶贫政策的"五大环境"

建立财政金融政策联动扶贫，对金融机构向 14 个国定贫困区县投放贷款、布设机具等实施财政奖补，2016 年全年累计发放奖补资金约 1700 万元。依托农村金融改革政策支持金融扶贫，将 7 个贫困区县作为重庆市"两权"抵押款试点区县，7 个区县"两权"抵押贷款同比增长 17.1%，拓宽贫困区县企业的融资渠道，2016 年全年累计支持贫困区县企业通过发行短期融资券、定向工具、企业债、公司债等实现债务融资 258 亿元。对贫困区县企业首次公开发行、新三板挂牌等开辟绿色通道，已有 7 家企业上市、3 家企业在新三板挂牌。夯实贫困户的风险保障，全市农业保险品种增至 33 个，对贫困户参加政策性农业保险给予总保费 59% 的优惠补助。

在 9 个贫困区县开展贫户农村住房保险试点，惠及 22 万户建档贫困户。农村小额保险实现贫困户全覆盖，开展贫困户大病医疗补充保险。

四、重庆金融扶贫支撑效用与社会反响良好

2015 年 11 月，习近平总书记在中央扶贫开发工作会议上指出，金融扶贫潜力尚未充分发挥，2014 年扶贫小额信贷的覆盖率只占信贷需求贫困户的 6.2%。要做好金融扶贫这篇文章，根本上要靠改革。要加快农村金融改革创新步伐，提高贫困地区和贫困人口金融服务水平。通过积极努力，重庆市金融扶贫支撑效用显著，引起了良好的社会反响。截至 2018 年底，重庆市金融扶贫助推 10 个国家级、4 个市级贫困县脱贫"摘帽"，1823 个贫困村整村脱贫，贫困人口减少 194 万人。[①] 同时，在金融扶贫的引导带动下，重庆市形成规模化的产业扶贫主体，为脱贫增强了内生动力和支撑。此外，重庆市党政领导多次对金融扶贫工作予以批示肯定，重庆金融扶贫的经验分别被人民银行总行、重庆市委报送党中央、国务院和中央深化改革领导小组。2017 年，重庆市委将金融扶贫提升至全市脱贫攻坚的五大战略支撑之一，贫困区县对金融扶贫高度重视、积极对接，建档立卡贫困人口在扶贫督查中对金融帮扶措施认可肯定。不仅如此，包含人民网、央广网、《经济日报》、《金融时报》等在内的中央媒体集中宣传报道重庆市推动金融精准扶贫工作的主要做法和经验，《重庆日报》聚焦金融扶贫开展持续两个月的大型主题宣传活动，各级媒体累计宣传报道 100 余篇，形成了良好的社会效用。

第四节　重庆金融扶贫典型案例

重庆市高度重视金融在助力脱贫攻坚中的作用，其金融扶贫支撑效用

---

① 参见巴南区农业农村信息网。

显著，引起了良好的社会反响。本节选取国家级贫困县城口和市级贫困区万州中的金融扶贫案例来进一步阐释金融扶贫在重庆市脱贫攻坚中取得的成效。

一、金融扶贫为城口县脱贫攻坚注入致富"活水"

城口县地处大巴山腹地的川、陕、渝三省市交界处，位于重庆市东北边缘，是全市贫困面最大、贫困程度最深的国家扶贫开发工作重点县之一。2012 年底，全县有建卡扶贫对象 15762 户、46294 人，贫困发生率 20.9%，贫困发生率高居全市第二位。在全县 184 个行政村中，贫困村有 94 个，占行政村总数的 51%。全县贫困面广、量大、程度深的状况没有得到根本扭转。全县基础设施薄弱，交通不畅，缺乏连接周边大中城市的快捷交通，到周边的任何一个大中城市都需要 6 小时以上。农村人畜饮水困难问题依然存在，全县实现安全饮水的人口不足 70%。自然条件恶劣，境内最高海拔 2686 米，大部分地方海拔在 1200 米以上，属典型的高寒深山区。

2013~2015 年，城口县积极探索贫困村互助资金组织与商业银行的有效合作模式，在全县率先成立贫困村村级互助资金管理中心，发展互助资金协会 79 个、会员 5500 户，资金规模达到 4500 万元。成立农户自立服务社，参照互助资金管理模式运行，壮大发展庙坝镇、东安镇两个扶贫创业园。落实扶贫小额信贷政策，投入专项扶贫贷款贴息资金 1000 余万元，培育扶持扶贫龙头企业和专业合作社 20 余家，近 1 万贫困农户享受扶贫贷款支持，扶贫贴息贷款规模超过 1.5 亿元。开展农村扶贫小额保险试点，实现困人口全覆盖。实施贫困户大病医疗补充保险，使 2 万余贫困人口受益。2016 年，各金融机构累计为建卡贫困户发放扶贫贷款 2045 万元；打造金融扶贫示范点 21 个，发放贷款资金 7000 万元；投入财政专项扶贫资金 150 万元，连续两年为所有建卡贫困户购买农村扶贫小额保险，防止农村贫困人口因意外伤亡致贫返贫；协调超过 9 亿元政策性、开发性融资贷款，投入扶贫相关基础设施建设，为助推脱贫攻坚、巩固脱贫成果夯实基础。2017 年，实施金融扶贫 27 条政策，深化金融扶贫"四大行动"，设立农村便民金融自助服务点 12 个，建成具有银行取款功能的村邮站 60 个，建立金融扶贫示范点 21 个，基本实现金融基础设施建设贫困村全覆盖。建立 1000 万元农业创新投资基金，扶持农业产业发展，助推贫困群众脱贫增收。建立 1200 万元扶贫小额信贷风险补偿金和 400 万元专项贴息资金，加强与农行、重庆农商行合作，进一步优化简化程序，实现贫困户有效放款突破 4000 万元。进一步清理和规范 76 个农村互助资金协会，入户会员近 6000 户，资金规模达 4000 万元。实现所有建卡贫困户意外伤害保险、大病补充医疗保险、疾病身故险、贫困户学生重大疾病保险和农房保险等"精准脱贫保"参保全覆盖，有效降低了贫困人口因灾、因病、因学致贫返贫的风险。

1. 村级互助资金"贷"动贫困户走上致富路①

"多亏了村级互助资金协会借给我的钱，让我有了启动资金，发展起了产业，现在我家的日子是越过越红火了！"提起蓼子乡明安村村级互助资金协会，明安村 3 组村民李廷莲至今仍感触颇深。李廷莲家中共有 7 口人，家里有生病的父母，还有上学的孩子，全家仅靠她的丈夫一人在外务工挣钱维持生计，生活十分艰辛。2014 年，李廷莲家因病致贫被评为建卡贫困户。不甘落后的李廷莲决定发展养殖业，可资金成了她的一块"心病"。

四处打听后，李廷莲得知村级互助资金协会贷款，不仅审批程序简单，而且放款速度快，于是她立即写下 1 万元的贷款申请，决定用于产业发展。

经过村级互助资金协会调查核实，李廷莲很快便拿到了 1 万元贷款，她用这笔贷款买来了几百只鸡苗，发展起城口山地鸡产业。2016 年，李廷莲家成功摘掉了"贫困帽"。通过村级互助资金，李廷莲家的产业规模不断扩大，她家现有 500 余只山地鸡、4 头猪、5 亩油菜和 8 亩梨树。

据介绍，自 2011 年 9 月村级互助资金协会正式成立以来，蓼子乡明安村村级互助资金协会依法开展各种互助活动，协会运行规范有序，共推动 150 余户贫困户及非贫困户发展山地鸡、党参等种养植（殖）业。至 2017

---

① 参见华龙网，http://news.ifeng.com/a/20170608/51214135_0.shtml。

年协会吸纳会员 278 名，入股率达 80%。

近年来，城口县不断壮大农村互助资金，把农村互助资金协会作为金融扶贫的有益补充，积极加强引导，促进合规发展，助推精准扶贫。自 2009 年以来，城口县分别在 22 个乡镇 76 个村，相继注册成立 76 个农村互助资金协会，资金规模达 4000 万元，为贫困户发展生产、改善居住条件以及因灾、因病等应急资金需求提供贷款近亿元。

2. "精准脱贫保"为贫困群众解"燃眉之急"①

高观镇蒲池村村民张国鹏于 2009 年外出务工发生意外，导致高位截瘫。家庭失去了劳动力，再加上后续治疗需要大量费用，这对于张国鹏一家来说无疑是雪上加霜。

"去年，我花费的 1 万多元治疗费用，通过医疗保险报销了一大半。"张国鹏说，报销给他家减轻了很大的负担。在城口县，像张国鹏一样享受医疗保险的还有很多。

2015 年及 2016 年，城口县连续两年投入财政专项扶贫资金 150 万元，为所有建卡贫困户购买农村扶贫小额保险和大病医疗补充保险。

2016 年，城口县相关农村扶贫小额保险承保单位，按 90 元每户（其中保险公司承担 20 元每户）保费标准对城口县符合参保条件的 10535 户建卡贫困户于同年 8 月 20 日实现全部投保，共计支付保险费 73.745 万元。

2016 年，城口县相关大病医疗补充保险承保单位 1 月 1 日起，以 18 元每人每年的保费标准对城口县参加了基本医保和大病保险医疗保险、年龄在 18 周岁以上符合条件的 25296 名建卡贫困人员购买了大病医疗补充保险，共计支付保险费 45.53 万元。按照重庆市扶贫办到期续保要求，续保至 2017 年 3 月 31 日，支付续保费 11.3832 万元。

2017 年，城口县整合意外伤害保险、大病补充医疗保险、疾病身故险、贫困户学生重大疾病保险和农房保险五大险种，投入专项资金 386.88 万元，为城口县 38688 名贫困人口开展"精准脱贫保"，由两家保险公司共同承保，并建立风险调节机制，坚持收支平衡、保本微利、可持续运行

① 参见华龙网，http：//news.ifeng.com/a/20170608/51214135_0.shtml。

原则，确保实际赔付率达到 70% 以上，防止贫困人口因灾、因病、因学致贫返贫。

3. 城口周溪：全力推进金融扶贫，壮大产业发展①

重庆市城口县周溪乡对创业担保贷款和扶贫小额信贷所需资料分别列出清单，下发至各村宣传并公示，提醒群众按照清单准备材料，不重不漏。对需要在村里出具的材料和需要在村里盖章的资料，如结婚证遗失需要的证明、担保人所在单位需要盖章的资料等，一次性告知贷款群众，让他们少跑弯路。对文化水平有限的群众，安排专人指导填写申请表；对需要国土、民政、村委配合盖章的资料，工作人员提前联系相关部门做好准备；对建卡户申请扶贫小额信贷，驻村工作队提前摸清底数，联系银行，填好表格，建卡户带上身份证和三权抵押即可申请到贷款。

资金申请下来了，最重要的就是把资金变成长效增收产业。为此，该乡对所有贷款农户建立档案，逐户分析，结合其自身意愿，分别制定规划，发展合适产业。乡农服中心、国土所、兽医站等部门全力做好技术指导和服务工作，保证有限的资金发挥最大的作用。家里没有劳动能力的建卡户，则把贷款资金入股到企业，每年可获得 3000 元的分红。

据悉，该乡目前已发放创业担保贷款 400 余万元，小额扶贫信贷 300 余万元，其中入股鹏程源公司 31 户、自身发展产业 76 户，有效地调动了群众发展产业的主观能动性，提升了发展产业的能力，中药材种植、生猪养殖、干果种植等脱贫产业也欣欣向荣。

4. 农发行重庆市分行创新金融扶贫渠道、首笔网络扶贫贷款落地城口②

为落实农发行与重庆市政府签订的战略协议，农发行重庆市分行创新金融扶贫渠道，将扶贫信贷产品纳入线上，提高扶贫信贷产品申请和使用的便利度，助力重庆市政策性金融扶贫实验示范区建设。2019 年上半年，该分行批准首笔网络扶贫贷款，金额 1.5 亿元，并于 2019 年 5 月 31 日投放首笔 2110 万元，用于支持城口县亢谷片区网络扶贫项目建设，推动该县"互联网+旅游+农副产品"扶贫模式落地。该项目总投资 1.88 亿元，主要

① 参见华龙网，http://cq.cqnews.net/cqqx/html/2017-09-13/content_42778060.htm。
② 参见银保监处，http://jrjgj.cq.gov.cn/zwgk/news/2019-6/148_4223.shtml。

用于亢谷景区智慧旅游体系和电商产业街建设。项目建成后，能够直接帮扶 6 名建档立卡贫困人口实现人均年收入 3 万元。同时，随着景区基础设施的不断完善，将吸引更多的旅游及避暑人群，带动周边 10 个村庄开办"大巴山森林人家"的农户增收，带动贫困人口脱贫增收。

二、万州区着力打通金融扶贫"最后一公里"

经过长期的扶贫开发，2012 年底，万州区贫困农村的面貌发生了显著变化，贫困人口已大幅减少，扶贫开发工作取得了巨大成就。但按扶贫开发新阶段特别是脱贫攻坚的要求，扶贫开发仍面临着严峻的形势和艰巨的任务。主要体现为贫困面大、贫困人口贫困程度深、扶贫产业基础弱。

一是贫困面大。在全区 52 个镇乡街道中，有扶贫开发任务的乡镇街道还有 41 个，有市级贫困村 117 个，扶贫工作点多、面广。全区低收入人口有 16.1 万人，其中扶贫对象 13.5 万人，这些贫困人口相对集中分布在方斗山一线和白土、走马、余家三个片区，尤以白土为最多，当地贫困发生率为 21%，比全区高 9.1%。高山乡镇与沿江乡镇经济发展的差距较大，区域性贫困凸显。同时，每年还会因为自然、市场以及其他原因造成新的致贫和返贫，一般返贫率在 10% 左右，扶贫任务十分艰巨。此外，有 80 多个非贫困村也存在较严重的贫困状况。

二是贫困程度深。万州属大巴山系，基础条件较差。到 2012 年底，全区仍有 1 个村、326 个社不通公路，绝大部分已通公路的贫困地区路况差、等级低，常常是晴通雨阻；耕地质量较差，25 度以上坡耕地约占 40%，保水保肥能力弱；水利工程病害多，蓄引、提水、灌溉能力弱；农村饮水存在一定问题，不安全饮水人口较多；全区还有 25 所乡镇卫生院未达标；全区有 3.5 万人生活在自然条件恶劣的高寒偏远山区、深山陡坡峡谷地带和生态脆弱区，亟待搬迁。

三是扶贫产业基础弱。万州地处三峡库区腹心，生态环境保护的要求高、任务重，产业存在空心化问题，削弱了扶贫支撑力。大多数贫困村缺乏稳定增收的主导产业，农民收入主要靠粮猪型传统农业加外出务工，多数贫困村产业规模小、布局散、竞争弱，缺乏有市场竞争力的支柱产业和拳头产品，农民增收后劲乏力。

2013~2016 年，为农业扶贫企业贷款财政贴息 39 批次，贴息金额 1045 万元。2014 年为小额到户贷款扶贫贴息 57.16 万元。2014~2015 年，新成立 4 个贫困村互助合作扶贫协会，全区互助合作扶贫协会达到 48 个，资金总规模 1537.22 万元，入社农户 3088 户，累计发放借款 5034.35 万元。2017 年与区农行、农商行、邮政银行、中银富登银行、三峡银行合作开展"扶贫小额信贷"，对贫困户给予 5 万元以下、期限 3 年、免担保、免抵押的基准利率诚信金融贷款以支持贫困户产业发展生产经营，完善风险防控体系，划拨风险补偿金 410 万元。2014 年，开展建卡扶贫对象参与农村小额意外伤害保险试点；2015~2017 年，财政全额购买建卡贫困人口小额意外伤害保险实现全覆盖；2015 年 6 月，开始为全区 85117 名建卡贫困户购买大病医疗补充保险；2017 年为建卡贫困人口购买"精准脱贫保"，当年，保险理赔 1762 人次，赔付金额 855.47 万元。2015~2017 年，保险公司共计赔付 2449 人次，赔付金额 1128.92 万元。

1. 万州精准提供高质量农村金融服务[①]

行走在万州大地上，各种特色产业遍地开花。经过多年发展，玫瑰香橙种植面积达 12 万亩；万州柠檬种植面积已有 10 万亩，成为全国柠檬三大主产地之一；茶园种植 4 万余亩，成为全国重要的茶叶原产地和优质茶产区；另外还有伏淡季水果、中药材、林木花卉、烟叶、特色水产等特色产业。

产业振兴背后离不开金融的支持。2019 年以来，万州区精准提供高质量的农村金融服务，助推乡村振兴，引导各银行业金融机构回归本源，坚守定位，持续优化服务乡村振兴战略，精准服务"三农"重点领域和薄弱环节。

数据显示，截至 2019 年 3 月底，万州主要涉农银行涉农贷款余额 141.59 亿元，比当年年初增加 2.82 亿元，增长 2.03%，整体实现涉农贷款持续增长目标。全区扶贫小额信贷余额 1.54 亿元，较年初增加 0.15 亿元，增长 11.13%。

---

① 参见万州时报，http：//www.wz.gov.cn/main/xxgk/xxdt/zwyw/64_ 13985/default.shtml。

一串串数据离不开各银行机构的努力。区金融办相关负责人介绍，各银行机构在 2019 年第一季度积极强化普惠金融工作部署，如农发行万州分行成立乡村振兴战略课题组，深入政府相关部门和贫困乡镇，调研如何实施乡村振兴战略；农商行制定"乡村振兴战略实施方案"和乡村产业振兴"十百千万"培育工作行动计划，着力培育一批农业产业大户，加快推进农业农村现代化。

同时，2019 年开始，各银行机构积极丰富"三农"服务产品，各行将扶贫小额信贷与乡村振兴战略在推进普惠工作中有机结合，采取重点支持建卡贫困户+精准投放产业大户的"点面结合"方式深入发展。例如，工商银行在全辖区推出农担贷业务，重点支持新型农业经营主体，万州中银富登村镇银行在甘宁镇同坪村设立乡村振兴战略示范点，支持三家新型农业主体新建大棚 300 余个。

2. 万州扶贫小额贷款已覆盖全区 40 个乡镇①

在响应坚决打赢脱贫攻坚战的号召下，万州银监分局坚持把支持乡村振兴与支持精准扶贫结合起来，将银行业支持乡村振兴发展列为重点工作，并有效发挥了金融加速脱贫效能。截至 2018 年 1 月底，万州区扶贫开发贷款从 2017 年初的 0.25 亿元增加到 1.43 亿元，增长了 4.8 倍。6 家扶贫小额贷款主办银行为 468 户建卡贫困户发放扶贫小额贷款 2228 万元，比2017 年初增加 424 户，增加了 2065 万元，增幅达 11.7 倍，扶贫小额贷款覆盖全区 40 个乡镇。

2017 年初，万州银监分局出台《关于继续推进农村基础金融服务"村村通"工作的通知》，明确了工作目标和措施，确保 2017 年底实现全覆盖。通过鼓励银行业机构、资金、服务"三下沉"，推进"村村通"基础金融服务进一步向基层延伸，扩展扶贫半径，着力打通扶贫金融服务"最后一公里"。例如，农商行万州分行对金融服务空白村建立金融服务档案，推出"组长工程"，利用村委会熟悉当地村情的优势，打通农村基础金融服务"最后一公里"；邮政储蓄银行万州分行利用村邮站和邮政代理投递员对 207 个行政村进行助农取款设备布放；农行万州分行利用"惠农 e 通

---

① 参见 http：//www.jpwzwz.com/news/75051.html。

四融平台"装修服务点 90 个，收到良好便农效果。在万州银监分局的积极推动和银行业金融机构的努力下，"村村通"得到持续推进，真正把金融"活水"输送到百姓家中。截至 2018 年 1 月底，万州区农村基础金融服务"村村通"工程覆盖面从 329 个增加到 448 个，覆盖率从年初的 73.44%增长到 100%，实现贫困乡镇全覆盖。

3. 积极落实"三个全覆盖"，为贫困户带来新"钱"景

为使精准扶贫乡镇分片包干得到有效落实，万州区辖内农商行、邮政储蓄银行、三峡银行等 6 家扶贫责任银行，对全区 40 个乡镇实行了扶贫小额信贷分片包干，要求实现"责任银行对乡镇全覆盖、扶贫小额信贷政策宣传全覆盖、符合贷款条件的建档立卡贫困户信贷投放全覆盖"三个全覆盖，确保各类金融扶贫贷款政策实现了"下得去、用得了、有实效"。例如，万州银监分局引导督促农发行万州分行坚持问题和目标导向，准确把握扶贫贷款投向，聚焦脱贫攻坚重点，加大精准扶贫的信贷"输血"力度，积极支持易地扶贫搬迁、公路交通、水利建设、棚户区改造、人居环境改善等重点领域，对贫困地区基础设施薄弱环节予以了精准支持。2016年以来授信 14.8 亿元，主要支持万州区易地扶贫搬迁配套设施（交通）建设项目，已建成道路 20 条、501 公里，其中改扩建公路 416 公里，较好地解决了孙家、余家等 38 个乡镇的 99 个扶贫搬迁安置点、建档立卡贫困户 5.8 万人"出行难"的问题。

4. 创新金融扶贫模式，激活贫困地区"造血"功能

金融扶贫要真正见效，光"输血"是远远不够的。如果说资金是扶贫关键，那么产业是激活贫困地区"造血"功能的源泉。对此，万州银监分局配合区政府推出"扶贫小额信贷风险分担机制"，筹集 1 亿元财政资金设立风险补偿金，加大产业扶贫资金支持力度。2016 年以来，试点银行累计发放"扶贫小额信贷"贷款 1.68 亿元，惠及 2.9 万户贫困户及 1210 户市场经营主体，累计发放创业性担保贷款 7.5 亿元，扶持 1.5 万人次创业就业。截至 2017 年底万州区 17 家银行机构已创建金融扶贫示范点 53 个，向贫困户直接贷款 0.8 亿元，投放到贫困地区用于发展种养业、特色产业及基础设施建设的贷款余额为 9.3 亿元，惠及 224 个行政村、2.4 万人。例如，三峡银行万州分行在金融精准扶贫工作中借助"示范点"这个"支

点",采用"示范点+建卡贫困户"的金融扶贫模式,有效推动金融扶贫工作向纵深发展,取得了良好效果。自工作开展以来,该行累计为具有履行扶贫责任的经济组织发放扶贫贷款 1.55 亿元,惠及贫困村 27 个,带动贫困户 272 户共 677 人增收。

第三章
基本公共服务与脱贫

第一节　基本公共服务的概念框架与减贫机理

一、基本公共服务

（一）概念

在展开研究前，必须首先区分公共品、公共服务和基本公共服务这三个概念。所谓公共品是指具有非竞争性和非排他性的物品或服务。此后，又有纯公共品、准公共品、俱乐部产品、拥挤性公共品、私人产品之分。公共服务与公共品源于同宗，广义上是指不宜由市场来提供的所有公共产品和服务，包括国防、教育、法律等具有非竞争性和非排他性或者部分具有两种属性的产品和服务。狭义上是指行政主体政府或者在行政主体的监控下的私人，为满足公共利益需要而支持或承担的活动。对于公共产品和公共服务的区分，流行的做法是以有形和无形作为划分标准，政府为民众提供的那些无形的消费服务就叫公共服务，而有形的被称为公共产品。基本公共服务成为经济体制改革以来的热点研究问题，但是中国的理论界并未达成统一的共识，也未对基本公共服务给出共同认可的定义。比较有代表性的定义是中国海南改革发展研究院给出的所谓基本公共服务是指建立在一定社会共识基础上，根据一国经济社会发展阶段和总体水平，为维持本国经济社会的稳定、基本的社会正义和凝聚力，保护个人最基本的生存权和发展权，为实现人的全面发展所需要的基本社会条件。上述定义比较全面，也有相对简化的概念，认为基本公共服务是基于民生层面提出的，旨在通过发展社会建设以供给覆盖全体公民、满足公民对公共资源最低需求的服务，涉及义务教育、医疗、住房、就业、公共安全、社会保障、基础设施、生态环境等民生领域。总之，基本公共服务是由政府主导提供，与经济社会发展水平和阶段相适应，旨在保障全体公民生存和发展基本需求的公共服务。

（二）特征

根据基本公共服务的定义可知，其具有如下几个主要特征：

（1）基础性。基本公共服务是保障公民基本的生存和发展权利所必不可少的。一个人如果缺少了这部分公共服务，那就保证不了其在既定经济社会状况下维持谋生和发展的基本条件。因此，政府应当承担基本公共服务"均等化"供给的"托底之责"。

（2）普惠性。每个公民都享有基本公共服务的权利，基本公共服务应面向全社会。

（3）公平性。基本公共服务的供给建立在社会正义和平等的价值基础上，其内在要求是让所有服务对象都公平便捷地享有。

（4）迫切性。基本公共服务是各类公共服务中与公民基本的生存和发展关系最密切、最直接、最迫切和最应该优先保证供给的部分。

（5）阶段性。基本公共服务的供给标准可以随着不同时期经济社会发展水平和国家财政实力的变化而进行调整。随着经济的发展和人民生活水平的提高，一个社会基本公共服务的范围会逐步拓展，水平也会逐步提高。

（6）梯度性。各国、各地区之间经济社会发展水平的明显差距，导致公民在基本的生存和发展需求层次上存在着差异。与之相适应，基本公共服务供给过程和水平也呈现出梯度推进的态势。

（三）类型

从定义看，基本公共服务基本点为：①保障人类的基本生存权或生存的基本需要，为了实现这个目标，需要政府及社会为每个人都提供基本就业保障、基本养老保障、基本生活保障等；②满足基本尊严或体面和基本能力的需要，需要政府及社会为每个人都提供基本的教育和文化服务；③满足基本健康的需要，需要政府及社会为每个人提供基本的健康保障。据此基本公共服务可分为基本就业保障、基本养老保障、基本生活保障、基本健康保障、教育和文化服务等。

根据主要功能和需求层次不同，可以将基本公共服务分为基本生存性基本公共服务、公共环境性基本公共服务、公共安全性基本公共服务、自身发展性基本公共服务，亦可归纳为保障性和发展性基本公共服务两大类。其中保障性基本公共服务包括公共安全、公共卫生、基本医疗、社会保障、基础设施、环境保护等，主要满足和保障公民基本的生存需求；发展性基本公共服务包括就业服务、基础教育、公共文化、公共通信等，主要满足和保障公民基本的发展需求。

从我国的现实情况出发，基本公共服务的内容可划分为如下几类：一是基本民生性服务，如就业服务、社会救助、养老保障等；二是公共事业性服务，如公共教育、公共卫生、公共文化、科学技术、人口控制等；三是公益基础性服务，如公共设施、生态维护、环境保护等；四是公共安全性服务，如社会治安、生产安全、消费安全、国防安全等。

单就影响贫困的因素来看，基于基本公共服务的判断标准，义务教育、医疗卫生、社会保障、就业服务、住房保障应该是广大城乡居民最关心、最迫切的公共服务，是建立社会安全网、保障全体社会成员基本生存权和发展权必须提供的公共服务，义务教育、医疗卫生、社会保障、就业服务、住房保障将成为改善贫困群体贫困状况的主要基本公共服务。

二、基本公共服务均等化

（一）概念

目前学者们主要从不同角度对基本公共服务均等化的内涵加以理解，并提出了各自不同的观点，基本公共服务均等化是一个多维概念。有观点认为，基本公共服务均等化是指为了满足一定经济社会发展阶段公民基本的生存和发展需求，政府在公民本位、社会本位理念指导下，主要依托公共资源向全体公民均等地供给基本公共服务，以保障公民基本人权，促进人的全面发展。也有将基本公共服务均等化定义为，其是指政府提供的满足不同发展阶段的最基本公共需要标准的公共物品和服务，通过向基层延伸、向农村覆盖、向弱势群体倾斜供给公共服务，缩小城乡之间、区域之间、群体之间的基本公共服务差距，最终目标是全体公民在享有基本公共服务上的机会均等、结果大体相等，同时尊重社会成员的自由选择权。综合来看，基本公共服务均等化同样是由政府主导，追求全体公民生存和发展公平获得基本公共服务的过程和结果。

（二）特征

基本公共服务均等化具有两个显著的特征，即相对性和发展性。

1. 相对性

一方面，基本公共服务均等化是相对于大多数人的均等，不是全体人的平均。现实中，完全平均、毫无差别地实现基本公共服务均等化是不可能的。基本公共服务的均等化只能是立足于公平、正义原则，使得不同社会成员所享受的基本公共服务的数量和品质大体处于相当水平，确保社会成员在基本公共服务上受益均衡，进而能公平地分享经济社会发展成果，保障公民基本权利，消除社会不和谐因素，有效解决我国转型期出现的各种社会问题，故而只能是尽量缩小基本公共服务供给方面的差距，以确保在一定范围内的相对均等。

另一方面，基本公共服务均等化并不排斥"地方标准"。我国各区域之间经济发展不平衡并呈现出多层次性。这种不均衡、多层次性的经济现状决定了政府财政能力、基本公共服务能力以及个人需求观念的多样化、差异化。由此，基本公共服务均等化并不要求各地区公共服务的一律化或绝对平均，而是鼓励有能力的地方在满足人们基本公共服务的同时根据自身的条件向人们提供更优良的公共服务。基本公共服务均等化是一个相对的概念，它并不意味着基本公共服务水平的全国一致，而是全国最低标准与地方标准同时存在的一个相对过程。

2. 发展性

一方面，基本公共服务均等化的内容和形式会随着经济社会发展水平以及人们对公平的认识而不断变化。在经济社会的不同发展阶段，基本公共服务均等化的内容和形式也存在差异。基本公共服务均等化是顺应我国经济社会变革、转型的客观现实条件应运而生的，是随着经济发展、社会进步而与时俱进、不断发展变化的。国民个人发展能力的培养以及整个社会的可持续发展有赖于基本公共服务的供给状况，而这取决于经济社会发展的水平。随着经济社会发展水平的提高，更多的公共服务将被纳入"基本"的范畴。

另一方面，基本公共服务的均等化标准和目标将随着经济社会发展水平的提升而不断提高。按照马斯洛的需求层次理论，不同社会公众在满足"底线均等"后，会随着经济社会的不断发展以及政府财政能力的不断提高而追求更高标准、更高水平的基本公共服务的均等化。在经济社会发展的不同阶段要有不同的均等化标准和目标，实现基本公共服务均等化需要分层次的、分阶段地进行。随着经济社会的发展和国家实力的增强，逐步拓展基本公共服务的内容和形式，不断提高基本公共服务的标准和目标，使得基本公共服务会不断趋于均等化。

3. 类型

根据基本公共服务均等化的多维概念，可基于目标和过程维度对其进行分类。根据横向目标分层，基本公共服务均等化有基本公共服务结果均等化、基本公共服务机会均等化、基本公共服务权利均等化和基本公共服务能力均等化之分。根据纵向目标分层，基本公共服务均等化有中介目标——基本公共服务均等化供给，根本目标——基本公共服务满足公众基本的生存和发展需求，终极目标——基本公共服务促进人的全面发展之分。根据过程维度的分析，基本公共服务均等化有初期阶段的区域间基本公共服务均等化、中期阶段的城乡基本公共服务均等化、高级阶段的全民基本公共服务均等化之分。

此外，结合基本公共服务的类型，基本公共服务均等化可分为公共教育均等化、医疗卫生均等化、社会保障均等化、就业服务均等化、住房保障均等化。基本公共服务结果均等化可分为公共教育结果均等化、医疗卫生结果均等化、社会保障结果均等化、就业服务结果均等化、住房保障结果均等化。基本公共服务机会均等化可分为公共教育机会均等化、医疗卫生机会均等化、社会保障机会均等化、就业服务机会均等化、住房保障机会均等化……

三、基本公共服务可获得性

(一) 概念

基于前面章节公共服务、基本公共服务、基本公共服务均等化概念，借鉴可得性、可及性、可达性的定义，可将基本公共服务可获得性定义为政府所提供公共教育、医疗卫生、社会保障、就业服务、住房保障等基本公共服务满足居民需要的程度。虽然，基本公共服务可获得性的居民需求内容与基本公共服务均等化的内容一致，但还需对具体需求类型、需求数量、需求质量、获取渠道、获取难度、获取成本等加以衡量。

(二) 特征

特征是事物的本质属性，对事物的准确把握离不开特征分析。根据基本公共服务可获得性的定义、内涵和类型分析，可将其基本特征归纳为相对性、匹配性和可变动性。

1. 相对性

基本公共服务可获得性不是对一定类型和质量基本公共服务获取绝对量的衡量，而是对获取量满足需求程度的衡量，即基本公共服务可获得性的高低并不绝对与基本公共服务获取量的多少相对应，而是获取量相对于特定的需求标准而言的，具有相对性的特征。需要指出的是，在衡量基本公共服务可获得性的高低时，基本公共服务所对应的需求标准有可能相同、也有可能不同，对于不同的需求标准，基本公共服务可获得性便会因失去公共的比较基础而不具备完全的可比性。

2. 匹配性

农户从事某项具体农业生产经营活动必须在多种不同基本公共服务的配合下方能实现。因此，对基本公共服务可获得性的衡量必须同时考虑各种基本公共服务的类型、质量、数量和获取代价的匹配程度即满足程度，此外，基本公共服务可获得性还必须考虑各种基本公共服务可获得性提高的一致性。

3. 可变动性

长期来看，基本公共服务可获得性并不是一成不变的，会随需求者多少、需求标准高低、需求者获取能力高低、获取代价高低、获取渠道多少、获取难度高低的变动而变动，故具有可变动性特征。在其他条件既定的情况下，基本公共服务可获得性会随需求标准、供给量、农户能力、获取难度、渠道正规化水平、获取代价的变动而变动。

（三）类型

基本公共服务可获得性按照不同的标准可分为不同类型，本书根据其定义和特征，主要按基本公共服务的类型进行分类。本书探讨贫困问题，以公共教育、医疗卫生、社会保障、基础设施四类基本公共服务为研究重点，故基本公共服务可获得性对应可分为义务教育可获得性、医疗卫生可获得性、社会保障可获得性、基础设施可获得性四种。对于不同类型基本公共服务的可获得性，我们可将其归类为基本公共服务的分项可获得性，与此对应，若基本公共服务可获得性衡量全部基本公共服务的总体可获得特征，即包含义务教育、医疗卫生、社会保障、基础设施可获得性信息在内的可获得性，可将其称为基本公共服务综合可获得性。因此，基本公共服务可获得性可相应分为分项可获得性和综合可获得性。

四、基本公共服务的减贫机理

理论上，基本公共服务的减贫机理主要体现在如下几方面：首先，基本公共服务可以通过促进经济增长来减缓与消除贫困；其次，基本公共服务能够通过改善收入分配从而减缓与消除贫困；最后，基本公共服务除了能够影响宏观的经济增长与收入分配之外，还能够通过劳动力配置影响而减缓与消除贫困。

（一）基本公共服务与经济增长

基本公共服务是居民生存与发展的基本前提和基础环境，居民的收入增长程度依赖于基本公共服务水平。基本公共服务水平提升所反映的基本公共服务的覆盖面增加、质量提升、获取代价降低、获取难度降低，可通过农业生产效率、劳动生产率与资源利用率的提升而促进居民的收入增长。

首先，基本公共服务水平提升通过生产效率提升而促进居民收入增长。基本公共服务是居民从事生产经营活动、获取收入的基本条件，基本公共服务可通过基础设施的建设与科学技术的推广而提升生产效率，进而促进居民的收入增长。尤其是贫困地区一般都是自然地理条件较差、生产基础设施薄弱、生产技术落后的地区。基本公共服务中基础设施水平的提升可改善生产经营条件、改良发展基础，从而促进生产效率提高、经济发展与居民收入增长。基本公共服务中技术推广服务，可有效提升技术装备水平、现代化水平，从而提升生产效率与居民收入。

其次，基本公共服务水平提升通过劳动生产率提升而促进居民收入增长。居民家庭最丰富的资源是劳动力资源，劳动生产率提升可显著促进居民的收入增长。基本公共服务可通过教育、医疗卫生、基础设施、农技推广等促进居民个人素质、生产经营能力与市场参与能力提升，从而使居民能够更多的分享经济增长的成果，进而使居民的收入水平得到提高。其中，基本公共服务中义务教育与基本医疗卫生水平的提升，可从根本上提高居民尤其是贫困群体的身体素质与文化素质、生产经营能力与市场参与能力，从而提高其劳动力的劳动生产率、促进居民的收入增长；基础设施建设与技术推广可有效节省生产经营的劳动力投入、降低劳动力的劳动强度与劳动时间，从而间接提升劳动力的生产经营能力与市场参与能力、提高劳动力的劳动生产率，进而促进居民的收入增长。

最后，基本公共服务水平提升通过资源利用率提升而促进居民收入增长。除通过生产效率与劳动生产率促进居民收入增长外，基本公共服务还有一个更重要的作用，那就是可促进难利用资源与不可利用资源的有效利用从而提高资源利用率、促进居民的收入增长。如基本公共服务水平提升中交通、通信等基础设施水平提升与技术推广服务水平提升可促进不可利用土地、难利用土地得到利用，从而不仅拓展了可利用土地要素的规模，而且提升了土地资源的利用效率，进而促进居民收入的增长。

（二）基本公共服务与收入分配

虽然居民收入的普遍增长能够减少贫困，但仅收入增长并不足以保证贫困群体能够真正从中获益。理论与实践研究均表明，贫困群体越来越难分享经济发展的成果，要想促进贫困群体摆脱贫困，必须重视有利于贫困人口的制度安排。基本公共服务水平提升便是一项重要的有利于贫困群体的制度安排，通过基本公共服务水平的提升可改善居民的收入分配状况。受发展中国家、经济转型国家、经济转轨国家等特征，我国居民在初次分配中造成了较大的收入差距，基本公共服务水平提升可有效缩小贫困与非贫困群体的收入差距，从而可显著消除贫困。具体地，基本公共服务水平提升可从以下三个方面改进居民的收入分配状况。

首先，基本公共服务水平提升通过基本公共服务的要素功能而改善居民的收入分配状况。作为生产经营活动开展的基本条件，基本公共服务与其他生产要素一样，也都是生产经营活动的必备要素，而且基本公共服务要素的投入还要先于其他生产要素。如此，基本公共服务水平的提升所带来基本公共服务状况的改善、获取难度降低与获取代价降低等，不仅会提升基础设施要素的质量，还会降低基础设施要素的获取成本和难度，在保证居民均能够公平地获得基本公共服务的条件下，基本公共服务的生产要素功能得以更好发挥，进而使所有居民的生产经营活动的开展效率均得以提升，相应的居民的收入分配状况得到改善。

其次，基本公共服务水平提升通过基本公共服务禀赋差距缩小而改善居民的收入分配状况。目前，我国基本公共服务水平低，不仅表现为绝对的供给不足，而且还表现为不同群体的获取水平差异，其中部分居民的水平相对较高而部分居民的水平提升相对较低。如此，在其他条件不变的情况下，基本公共服务水平提升可让对基本公共服务在社会成员之间平均分布，贫困与非贫困群体的基本公共服务禀赋差异下降、生产经营基本条件越来越接近，从而减少居民的收入差异，改善了收入分配状况。

最后，基本公共服务水平提升通过基本公共服务的转移支付功能而改善居民的收入分配状况。基本公共服务是政府及社会为保障人类基本生存权而提供的包括教育、医疗卫生、社会保障及基础设施等在内的基本社会条件。因其公共属性特征，基本公共服务的提供责任便主要落在政府部门的肩头，基本公共服务水平的提升前提是政府投资的增加。政府收入来源于税收，而税收多来源于高收入群体。如此，为提升基本公共服务水平，政府便将更多的税收资金向基本公共服务领域投资，从而发挥基本公共服务的转移支付功能，进而改善居民的收入分配状况。

（三）基本公共服务与劳动力配置

劳动力是居民家庭可调用的最丰富也是最重要的资源。随着市场化进程的加快，所有劳动力的就业机会显著增加、配置领域大大扩展，劳动力不仅可从本地传统生产领域向新兴领域配置，还可跨区域配置，这将对经济发展、贫困消除与福利改善产生重大的短期与长期影响。劳动力配置离不开基本公共服务这一基本前提，基本公共服务水平的提升，可改善基础设施状况、提升劳动力素质、化解劳动力流动的后顾之忧，从而势必会对劳动力的配置产生重要影响。具体地，基本公共服务水平对劳动力配置的影响机制主要体现在如下两个方面：

首先，基本公共服务水平提升通过影响劳动力的迁移能力而影响劳动力的配置。劳动力向城镇与非农产业转移并非任意的，而是需要一定条件的，不具备一定迁移能力的劳动力是无法顺利迁移的。义务教育、医疗卫生、基础设施、社会保障等基本公共服务水平的提升势必对劳动力的迁移能力形成具有重要作用。其中，义务教育与医疗卫生水平的提升会使劳动力的身体素质与文化素质得到进一步的提升，人力资本得到进一步的积累，直至劳动力具备足够的迁移能力，最终实现劳动力的城镇、非农产业与跨区域配置。除个人因素外，劳动力的迁移还与基础设施的水平有关，交通、水利、电力、信息基础设施水平的提升将进一步为劳动力迁移与配置提供交通便利、信息便利与生产便利，这将普遍提升劳动力的"迁移能力"，从而实现劳动力的优化配置。尤其在中国农村，迁移者通过中介机构获得打工信息及服务的情况很少，主要是通过亲友或同乡等社会关系得知。农村劳动力主要通过向已外出打工的亲友或同乡了解城市的就业需求，一方面比较容易找到工作，提高外出就业的成功几率，降低寻找工作的成本；另一方面向已有外出工作经验的人寻求帮助有助于克服初次外出打工者的恐惧心理，使得潜在的外出打工劳动力做出迁移决定的可能性增大。农村劳动力中越来越多的人选择电话或手机作为保持联络的首要通信工具，拥有电话或手机的人可能获得更多城市就业信息，外出打工的可能性也更大，因而我们预期交通基础设施的水平对劳动力迁移的影响程度因家庭通信状况的不同而存在差异。除义务教育、医疗卫生与基础设施，社会保障也会间接影响劳动力的"迁移能力"。社会保障的目的是使劳动者、老人、儿童、残疾人等在出现年老、失业、患病、工伤、生育等时，可从社会上获得经济与物质帮助的制度安排。社会保障水平提升可降低劳动力迁移的后顾之忧，在劳动力再生产遇到障碍时给予劳动者及其家属以基本生活、生命的必要保障，以维系劳动力再生产的需要，从而保证社会再生产的正常进行，这将变相提高劳动力的"迁移能力"，从而促进实现劳动力的优化配置。

其次，基本公共服务水平提升通过影响劳动力的迁移成本而影响劳动力的配置。劳动力的配置除了要求劳动力有一定的迁移能力外，还需一定的迁移成本。基本公共服务水平也会通过影响劳动力的迁移成本而影响劳动力的配置。其中，义务教育、医疗卫生水平的提升可降低劳动力为达到一定的转移能力而付出教育与医疗卫生成本，从而促进劳动力的有效配置。基础设施水平的提升意味着劳动力面临着更好的交通条件与信息条件、更好的水利与电力条件，这可显著降低劳动力的转移成本，相应可进一步刺激劳动力的转移意愿与行动，促进劳动力的配置效率的提高。除义务教育、医疗卫生与基础设施，社会保障也会间接影响劳动力的"迁移能力"。社会保障水平的提升，使劳动力预期自身与家庭在劳动力迁移过程中一旦遇到障碍能够得到一定的社会保障性帮助的可能性提高，这将降低劳动力迁移的心理成本，从而促进劳动力的优化配置。

第二节　重庆基本公共服务的扶贫实践与脱贫成就

重庆市作为大城市、大山区、大库区、少数民族地区并存的一个地区，城乡基本公共服务水平差距比较大，特别是贫困地区，基本公共服务能力更加薄弱。按照政府精准扶贫限时脱贫的部署，重庆市坚持把提升基本公共服务水平作为脱贫的重点，积极发挥财政政策和财政资金的导向作用，逐步缩小城乡基本公共服务差距。本节将主要介绍对于贫困群体而言最为重要的几项基本公共服务的扶贫实践与脱贫成就。

一、重庆公共教育的扶贫实践与脱贫成就

（一）重庆公共教育扶贫的基本战略与实践状况

一直以来，重庆市积极探索保障性扶贫的方式和路径，把扶智力、扶技能、扶社会风气作为教育脱贫攻坚工作的重点，有效保障贫困群众基本教育水平、确保"学有所教"，切实阻断了贫困的代际传递。2006 年以来，重庆市实行义务教育"两免"（免除学杂费和书本费）政策，2011 年开始，相继在 14 个国家级贫困区县启动实施义务教育阶段学生营养改善计划，2012 年将义务教育阶段学校教师特设岗位计划扩大到连片特困地区，2018 年，重庆市进一步强化精准教育扶贫举措，以扶贫重点县和建档立卡贫困家庭为重点，构建覆盖学前教育、义务教育、普通高中教育、职业教育、高等教育、民族教育、教师队伍、学生资助、考试招生等全方位的教育精准扶贫体系，实施"由点到面"一揽子支持计划，推动教育资源向贫困区县倾斜，全面改善中小学教育薄弱学校办学条件，逐步提高贫困区县学校生均公用经费财政补助标准，完善从学前教育至大学到就业全覆盖资助体系，推进文化信息资源共享工程入户（站），完善贫困村文化室等。重庆市目前直接强调和涉及教育扶贫的基本战略主要有《打赢教育脱贫攻坚战的实施意见》《关于印发重庆市治理"因学致贫"专项行动工作方案的通知》《关于精准扶贫精准脱贫的实施意见》《进一步强化精准教育扶贫举措从扶智入手力促内生脱贫》《关于实施教育扶贫攻坚三年行动的意见》等上百项甚至数百项整体性与系统性的公共教育扶贫政策。

重庆市目前基本实现了学生资助政策的全面落实，建档立卡贫困家庭学生的精准对接，基本实现建档立卡贫困家庭学生从幼儿园到大学免学

费、享受生活费补助；基本完成部门协调联动机制的建立，定期对建卡人口信息库和学籍库、新生录取库进行比对，由学校对建档立卡贫困家庭学生逐人落实帮扶政策。重庆市将脱贫攻坚与公共教育基本公共服务相结合，将 2020 年教育扶贫的目标主要设定为：实现公共教育基本服务全覆盖，构建覆盖学前教育、义务教育、普通高中教育、职业教育、高等教育、教师队伍、办学条件、教育信息化等全方位的教育精准扶贫体系；全市学前三年毛入园率达到 90% 以上、学前教育普惠率达到 80% 以上、公办幼儿园占比达到 50% 以上；义务教育基本消除 56 人以上"大班额"，基本补齐乡村小规模学校和乡镇寄宿制学校短板；推动贫困地区建成一批特色普通高中；发展职业教育，增强贫困地区群众致富本领；实施高校毕业生就业创业促进计划；"特岗教师计划""'三区'支教教师""小学全科教师"精准培训贫困地区教师；解决好贫困地区特殊群体教育问题，残疾儿童少年义务教育入学率达到 95% 以上，为家庭经济困难的残疾儿童和残疾少年提供包括义务教育、高中阶段教育在内的 12 年免费教育；签订"农校对接"协议补齐深度贫困乡镇学校基本办学条件短板；提高贫困地区群众普通话水平。

（二）重庆公共教育扶贫典型项目的实践与成就

除基本战略实施外，重庆市还利用项目优势来提升教育扶贫绩效，开展了"雨露计划·职教扶贫""情系贫困儿童·共推幼教""领雁工程""城乡学校结对帮扶""扶贫集团对口帮扶""鲁渝协作帮扶""网上村庄"电商扶贫村培训、贫困地区兔规模化养殖扶贫创业培训、贫困地区农机创业培训等项目。本节主要介绍"雨露计划·职教扶贫"项目的实践过程与扶贫成就。

2012 年 8 月 1 日，重庆市启动"雨露计划·职教扶贫"项目，在武陵山、秦巴山区两个连片特困地区定向招收培养 350 余名低收入家庭应届初中毕业生，免费接受旅游专业培养，从而为武陵山和秦巴山区观光旅游和乡村旅游培养更多的专业人才，促进旅游扶贫产业发展。该项目由重庆旅游职业学院承担教育培养任务，培训内容主要包括旅游管理、导游、景区开发与管理、酒店管理、旅行社经营管理、烹饪营养与工艺等，整个项目计划培养 1400 余名高级旅游人才。项目期间，为减轻就读贫困学生家庭负担，将为每个学生整合资金 29000 元。对学生的教育培养，将实行五年一贯制，前三年按照中等职业教育进行管理，中职学习期满，考核合格，后两年纳入高等教育管理范畴。完成五年学业，成绩合格，颁发全日制普通（高职）专科毕业证书。学生毕业后，由重庆旅游职业学院负责推荐到生源地或其他涉及旅游管理的部门或单位就业，并对学生进行不少于三年的跟踪指导和后期服务，确保稳定就业。雨露计划工作认真贯彻落实习总书记关于扶贫工作一系列重要论述和市委 19 号文件精神，按照精准扶贫、精准脱贫战略部署，紧紧盯住市场和群众两个需求，按照"培训一人、转移一人、脱贫一家"和"培训一人、创业一人、带动一片"的思路，扎实抓好"雨露计划"各项工作。项目进展到 2013 年，为使"雨露计划"更好地在贫困地区发挥人力资源开发的作用，深化到户扶贫机制，市扶贫办进一步扩大了"雨露计划·职教扶贫"资助规模，瞄准贫困招生资助、多渠道筹集资金，加大对扶贫对象户（建档贫困户）子女到指定院校接受五年一贯制教育资助的力度，解决更多贫困户子女上学难的问题。

据不完全统计，仅 2015 年重庆市"雨露计划·职教扶贫"共安排财政扶贫资金 1.118 亿元，开设了母婴护理、挖掘机、汽车驾驶、汽车维修、建筑施工员、家政服务、电工和厨师、乡村旅游创业、电子商务、特色种植和养殖业创业等专业，完成扶贫创业及公益培训 93 期、8175 人，雨露技工培训 12 个专业 56 期 2540 人，培训扶贫系统干部 14500 人，实用技术培训 85000 人，全市共资助贫困家庭子女读书 142000 人，完成贫困家庭成员转移就业 71642 人，全年完成贫困大学生就业 1672 人，实现建档贫困户家庭大学生 100% 就业，完成后期跟踪服务签订的 220 人、每人至少能带动三户贫困家庭脱贫致富。

（三）重庆部分区县公共教育扶贫的实践与成就

1. 忠县的公共教育扶贫实践与成就

忠县聚焦"贫有学上、困有优教"，对所有义务教育阶段学生实施免费教科书，对全县建卡贫困户子女全部纳入学生资助系统实行动态管理，对贫困地区在学校建设项目与资金分配及教师招录等方面给予政策倾斜，积极争取社会各界支持。就 2015 年的统计数据来看，忠县共投入资金2099.04 万元用于营养改善计划；将小学特困寄宿生补助从 1000 元调至2000 元，初中从 1250 元上调至 2500 元，学前教育贫困生每年给予 2160 元资助；由名校引领组建 5 个教育集团，对口帮助 5 所薄弱学校；完成 10 所高寒山区学校，66 间教室"暖冬计划"工程，惠及 1892 名学生；筹资成立光华教育基金、中博爱心基金、贫困学生救助基金等共计约 500 万元，专项资助特殊贫困家庭子女。

2. 城口县的公共教育扶贫实践与成就

城口县制订了《城口县精准脱贫"教育资助一批"工作实施方案》，并于 2017 年建立了 2500 万元教育扶贫资助基金，全面落实各类普惠、特惠资助政策，做到贫困家庭学生上学资助全覆盖。此外，为确保教育资助落实到位，城口县还印制发放《城口县精准脱贫"教育资助一批"家庭经济困难学生资助政策宣传手册》并张贴宣传标语、张贴《城口县精准脱贫"教育资助一批"资助政策落实明白卡》覆盖所有贫困村、贫困户。单就2017 年，全县资助学生就达 8.2 万人次 9200 万元，对贫困户家庭子女在义务教育阶段因贫困辍学的，采取了"一事一议"办法，通过干部帮扶、扶贫集团捐赠、特殊困难救助、教师送教到家等方式，确保义务教育阶段贫困家庭子女入学率 100%。

3. 巫山县的公共教育扶贫实践与成就

为了支持巫山脆李产业的发展，2018 年 8 月 20~24 日，巫山县举办了脆李培训班，参加培训的人员有 162 人。通过培训，农户学习了脆李的苗木繁育、种植栽培、病虫害防治以及加工、储藏、销售等技术技巧，现场观摩学习了脆李种植基地——曲尺乡柑园村，学习了如何修枝、嫁接，如何识别及防治脆李树病虫害等科学技术。

二、重庆医疗卫生的扶贫实践与脱贫成就

(一) 重庆市医疗卫生扶贫的基本战略与实践状况

脱贫攻坚以来，重庆市将"健康扶贫"纳入全市脱贫攻坚总体战略部

署。2013 年，重庆市率先印发《重庆市城乡居民大病保险暂行办法》，使贫困户自动享受城乡居民大病保险待遇。2017 年以实施健康扶贫工程为统揽，重庆市结合市情、民情，针对因病致贫、因病返贫的建档立卡贫困人口，推进贫困村卫生室标准化建设，对在岗村医进行业务培训，招聘急需紧缺实用专业技术人才，定向培养医学专科生和全科医生，增强医疗服务能力；加快贫困区县"医联体"建设、远程诊疗网络建设；完善针对贫困人口的城乡居民合作医疗保险、大病保险、补充商业保险、医疗救助相衔接的医疗保障制度；推行乡村医生签约服务机制，建立贫困人口医疗帮扶专项资金，构建了健康扶贫长效机制，破解了因病致贫返贫难题。2018 年为深化健康扶贫工程，设立重庆市贫困人口健康扶贫医疗基金，并出台了《重庆市贫困人口健康扶贫医疗基金使用管理办法（试行）》对救助对象、救助标准、结算流程进行明确规定，切实减轻贫困群众看病就医负担。重庆市目前直接强调和涉及医疗卫生扶贫的基本战略主要有《重庆市扶贫攻坚医疗救助工作实施方案》《重庆市城乡居民大病保险暂行办法》《重庆市贫困人口健康扶贫医疗基金使用管理办法（试行）》《重庆市基层医疗卫生机构全科医生职称评聘办法》《重庆市精准脱贫攻坚战实施方案》《关于深化脱贫攻坚的意见》《关于精准扶贫精准脱贫的实施意见》等。

在医疗服务水平方面，仅 2016 年重庆市支持贫困区县建设人民医院、中医院等各类医疗卫生机构 108 个，完成乡镇卫生院标准化建设项目 599 个，1919 个贫困村卫生室标准化建设项目 1581 个，支持贫困区县 1730 个村卫生室配齐基本设备，为基层医疗卫生机构配置"健康一体机"3562 台，优先支持贫困区县建成特色专科 60 个、首批区域重点学科 10 个、临床重点专科 33 个，组织 26 家市内外三甲医院对口帮扶 14 家国家级贫困区县级医院，70 个二级医疗机构对口支援贫困区县 84 所乡镇卫生院，28 个区县建成区域医联体，建立区域影像疑难会诊中心和区县影像报告中心。在医疗保障与医疗救助方面，重庆市居民合作医疗保险已基本实现全覆盖、参合率达 95%；2015 年，重庆市免费为城乡居民购买大病保险，为全市 18 岁以上扶贫对象购买大病医疗补充保险，为 48.2 万贫困户购买扶贫小额保险（截至 2016 年 2 月底共发生理赔案件 2211 起、赔付金额 1083.4 万元），截至 2015 年底，全市有 17.4 万建卡贫困人口纳入大病医疗救助体系、资助贫困人口就医 13.4 万人次、提供个性化医疗帮扶服务 59 万余人次；2016 年，重庆市共投入慈善金 348.62 万元，贫困乡村医生签约 281 万户、覆盖 10255 万人，建档立卡贫困户签约服务实现全覆盖。

（二）重庆医疗卫生扶贫典型项目的实践与成就

为提升医疗卫生的扶贫绩效，除基本战略的实施外，重庆市还利用项目推动的优势，推动"健康扶贫·光明助困"项目、重庆市开展贫困户大病医疗补充保险试点项目、创新医疗服务模式构建兜底医疗救助机制项目等的开展。本节主要介绍"健康扶贫·光明助困"项目的实践过程与扶贫成就。

随着《中华人民共和国慈善法》的正式施行，我国扶危济困工作将进入全新的"慈善时代"。为响应《中华人民共和国慈善法》的实施，国家 15 个部门下发了关于"健康扶贫"的指导意见，重庆市慈善总会专门设立了 1200 万元的"重庆市慈善爱眼基金"，为符合条件的贫困群众提供眼病救助。"健康扶贫·光明助困"项目由重庆市慈善总会、湖南爱眼公益基金会、重庆爱尔麦格眼科医院联合签订，两年内投入 800 万元专项基金，用于重庆市全市范围内 165.9 万在册贫困人口、部分不在册困难群众（留守老人、妇女、儿童、低收入家庭等）的白内障手术、翼状胬肉手术、儿童医学配镜、糖尿病眼底病等眼病救助，并设立重庆首个"慈善眼健康门诊"，切实解决重庆市因病致贫、因病返贫的问题。

自实施以来，"健康扶贫·光明助困"项目先后在南川区、丰都县、石柱县、綦江区、永川区、南岸区、大渡口区、沙坪坝区、巴南区等区县启动，仅项目第一期就累计覆盖进入 98 个街道乡镇、1000 余个社区（村委会），普查眼病患者 61642 人，开展慈善扶贫义诊 1000 余场次，派出志愿者 3000 余人次，完成慈善白内障手术 3985 例，翼状胬肉手术 1153 例，儿童医学配镜 300 副，院内慈善眼健康门诊接诊困难人群 1 万余人次，按规范使用慈善爱眼基金 466.3 万元，已逐渐成为具有影响力、有爱心、有温度的慈善公益品牌。除了为贫困眼疾患者提供检查及手术外，今后还会持续为贫困群众普及眼健康知识，争取做到及早预防、科学用眼，降低眼病的发生率。

三、重庆部分区县医疗卫生的扶贫实践与脱贫成就

1. 彭水县的基本医疗卫生扶贫实践与成就

脱贫攻坚以来，彭水县实施医疗精准扶贫，改善硬件环境、提升服务水平、建立健全台账、办理特殊基本医疗证、落实帮扶诊疗措施、设立专项基金、实施分类补助，努力解决群众因病致贫与返贫问题。2015 年，彭水县新改扩建贫困村卫生室 19 间，为 115 个贫困村卫生室配备便携式高压消毒锅、简易呼吸器等，为 32 个贫困村卫生室配发健康一体机；2016 年，新改扩建高谷、龙射、石柳等 8 个乡镇卫生院，培训各级各类卫生计生人员 3 万余人次，为 60 个贫困村配备 1 名以上乡村医生；2016 年，彭水县成立医疗卫生扶贫专家组累计为贫困群众现场体检、诊疗 30863 人次、诊断特（慢）病患者 12579 人、筛查"因病致贫、因病返贫"重（特）病患者 716 人、治疗可恢复劳动力重（特）病患者 35 人；该县医疗卫生专项扶贫基金补助金额达 668.3 万元，设立 2000 万元的贫困户大病救助基金，惠及建档立卡贫困患者 8578 人（11930 人次），其中享受到阶梯性一次性补助贫困患者家庭 20 户。

2. 巫山县的基本医疗卫生扶贫实践与成就

巫山县因病致贫人口占比接近 30%，脱贫攻坚以来，该县积极探索实施"123456"医疗扶贫模式，即："千名医务人员；'一帮一'救助贫困家庭患者"攻坚行动，对家庭主要劳动力或因生活不能自理直接影响主要劳动力就业的家庭患病成员"两类人"，按照"集中初筛复查、分批次入院治疗、全程跟踪服务"三个步骤，采取医保报销、医院减免、政府补助、患者自付"四个一点"治疗费用结算模式，达到贫困村标准化卫生室、体检筛查、巡回义诊、签约服务、药品发放"五个全覆盖"，实行村卫生室六级管理，全力实现"治愈一人、脱贫一户"目标。2017 年，全县建设贫困村标准化卫生室 120 个、行政村标准化村卫生室 68 个，同步配备健康一体机等基本医疗设备，配齐配强村医生；免费提供饮用水消毒片、肠道杀虫剂、便民保健箱、常用非处方药品等，提高卫生防疫能力和居民健康水平；组建 8 个县医疗救助专家组，组织乡镇医务人员和乡村医生对 2.5 万名建卡贫困患者

进行信息采集、常规体检和疾病筛查；组织医疗专家开展巡回义诊11.7万人次，发放常用非处方药品价值63万元；多层次开展家庭医生签约服务22.6万人次，建卡贫困户签约服务覆盖率达100%。截至2018年6月底，该县累计救治16322人次、出院15905人次、就诊率达到99.7%、治疗好转恢复劳动能力达70%以上、贫困患者医疗费用自付比例控制在5%以内。

四、重庆社会保障的扶贫实践与脱贫成就

（一）重庆社会保障扶贫的基本战略与实践状况

扶贫攻坚以来，重庆市为建卡贫困户提供多方位社会保障。2015年，重庆市坚持"五个到位"，做到"五个确保"，将约20万深度贫困户纳入最低生活保障范围，"兜底"保障其基本生活；积极发挥社会救助制度在脱贫攻坚中的作用，资助贫困户参加城乡居民合作医保，将贫困户纳入大病医疗救助范围，建立贫困户医疗救助基金，免费为贫困户购买小额意外保险和大病医疗补充保险，加大临时救助和慈善救助等帮扶力度。2017年，重庆市探索创新扶贫保险品种，先后开展建卡贫困户扶贫小额保险、大病医疗补充保险和住房保险等试点工作，为贫困户提供了"保生命、保健康、保居所"的多方位保险保障，筑起一道稳固的风险防范墙，实施扶贫小额意外保险、大病医疗补充保险、农房保险、"精准脱贫保"（整合小额意外保险、大病补充保险、疾病身故保险、贫困学生重大疾病保险、农房保险5个险种）4个扶贫保险，创新开发特色种植、养殖等农业保险险种，推进产量保险、收入保险、气象指数保险、价格指数保险等。重庆市目前直接强调和涉及医疗卫生扶贫的基本战略主要有《关于集中力量开展脱贫攻坚的意见》《关于精准扶贫精准脱贫的实施意见》《关于巩固脱贫攻坚成果完善扶贫开发长效机制的指导意见》《建卡贫困户住房保险赔付标准》等。

2013~2016年，重庆市累计投入财政扶贫资金1.1亿元，为贫困户购买小额意外保险6531万元、大病医疗补充保险3921万元、农房保险550万元，提供商业保险保障7850亿元；截至2016年12月底，保险机构共赔付8139万元，7.2万贫困人口直接受益。2015年，重庆市发放低保金143.4

万元，临时救助 363 人、发放临时救助金 91.3 万元。2016 年 6 月，重庆市安排财政专项扶贫 2110 万元、募集社会资金 300 万元，为 33 个重点区县、48.2 万建卡贫困户购买扶贫小额保险，截至当年 10 月底，共发生理赔案件 351 起、赔付金额 242.9 万元。2016 年 12 月，重庆市在 9 个贫困区县开展建卡贫困户住房保险试点工作，安排财政专项扶贫资金 548 万元，为试点区县 83 万贫困人口购买住房保险，每户保险费为 23.5 元/年。截至 2018 年 10 月底，重庆市将 24 万名扶贫对象纳入低保兜底保障，将低保标准提高至每人每月 410 元，为 3.83 万户次扶贫对象提供临时救助、累计发放临时救助金 0.96 亿元，将 1.1 万扶贫对象纳入特困人员救助供养范围、支出救助金 0.78 亿元，医疗救助扶贫对象 81.99 万人次、支出救助金 1.88 亿元，医疗救助基金救助扶贫对象 1.62 万人次、支出救助金 0.29 亿元。

（二）重庆社会保障扶贫典型项目的实践与成就

为提升社会保障扶贫绩效，除实施基本战略外，重庆市还利用项目推动的优势，推动"人保财险重庆分公司积极参与脱贫攻坚为贫困群众构筑风险保障体系"项目、中国人寿重庆分公司打造保险扶贫精准模式项目等的开展。本节主要介绍人保财险重庆分公司积极参与脱贫攻坚为贫困群众构筑风险保障体系项目的实践过程与扶贫成就。

人保财险重庆分公司一直努力寻求为贫困群众构筑风险保障体系，尤其从脱贫攻坚实施以来，人保财险重庆分公司充分发挥国有骨干保险企业作用，积极参与精准扶贫精准脱贫，不断建立完善机制、加快创新产品、推动升级服务，积极为贫困群众提供更加全面的农业保障和民生保障。在原有以自然灾害、意外事故、疫病等为保险责任的 28 个农业生产保险产品，以农户预期收益为保险责任的 5 个农产品收益保险产品和参与 2 个政府重点民生保障项目的基础上，瞄准生产保障需求、建立完善农业保障体系、落地脱贫攻坚政策、建立完善民生保障体系，开展支农融资服务，持续加强基层服务体系建设、实现贫困地区保险服务"面对面"、建立保险扶贫工作机制、建立政企联动合作机制，进一步扩大覆盖面与保障面。

人保财险重庆分公司深挖传统农业保险潜能，在 18 个贫困区县建立种植、养殖自然灾害保障体系，有效分散农业生产过程中的自然风险和疫病风险；探索建立涵盖价格、产量等保险责任在内的市场风险保障体系，通过收益保险托底，实现贫困户"投保即脱贫、脱贫不返贫"的目标；结合实际研发开办特色效益农业保险项目，推动涪陵区青菜头、忠县柑橘等产业规模化发展；探索建立农业保险精准扶贫新模式，力争实现全市深度贫困乡镇贫困户"产业脱贫路上零风险"；全市 28 个区县开办"精准脱贫保"业务，有效防范贫困户因意外事故或因灾因病造成的人身伤亡、高额医疗费用和财产损失；有针对性地设计出适合贫困户的创新保险产品，满足困难人群保险实际需求；在全市 18 个深度贫困乡镇开展贫困户产业精准脱贫保险试点工作，与市金融办签订《保险扶贫合作意向书》，分别与黔江区、江津区、璧山区、垫江县、涪陵区、长寿区等区县人民政府签订战略合作协议，将保险融入地方政府脱贫攻坚重点工作，就进一步创新金融扶贫工作机制、加大保险支持精准扶贫精准脱贫力度、提高贫困地区贫困人口和扶贫产业风险保障水平等达成全面合作意向，为贫困户建立风险保障体系，防止贫困户因灾因病致贫返贫。

（三）重庆部分区县的社会保障扶贫实践与成就

1. 秦巴山区的社会保障扶贫实践与成就

秦巴山区按照"区域发展带动扶贫开发，扶贫开发促进区域发展"思路，建立完善以最低生活保障、新型合作医疗、新型社会养老保险三项制度为核心，以五保供养、临时救助、社会福利和慈善事业为补充的社会保障体系，实现全覆盖促进秦巴山区扶贫攻坚。秦巴山区专门为低收入贫困群体设计一种商业保险——扶贫小额保险，为建卡贫困户免费购买保险费为 70 元/户的扶贫小额商业保险，参保者意外身故、伤残，最高可或赔付80000 元/户、意外医疗保险最高可赔付 8000 元/户。

2. 武隆县的社会保障扶贫实践与成就

2016 年，武隆县全面落实保障性脱贫举措取得显著成效。一是全面实施社会救助攻坚行动，将 2209 户 7542 名建档立卡贫困人口纳入低保兜底范围，同时按照"两不愁、三保障"的脱贫要求进行大力帮扶，确保实现"低保兜住、平衡发展"的目标。二是安排 3000 万元专项资金设立了大病医疗救助基金，全面解决因病致贫问题。三是全面实施大病医疗补充保险、扶贫小额保险、务工人员意外伤害险并实现对建卡贫困人口的全覆盖。四是全面实施"三留守"和残疾人关爱救助行动，将全县168名困境儿童、49名孤儿、13560名留守妇女和5005名留守儿童列入特殊关爱救助覆盖范围。

3. 黔江区的社会保障扶贫实践与成就

2015年底，黔江区设立医疗救助基金对因病致贫贫困户提供托底保障，出台《黔江区贫困医疗救助基金管理办法》《黔江区贫困医疗救助基金结算办法》，每年预算安排400万元作为贫困医疗救助基金，对因个人承担医疗费用仍然较重的建档立卡贫困对象实施救助。救助对象符合在居民医疗保险政策支付范围内的个人自负部分，救助标准实行分段计算：对贫困户个人支付超出0.1万元的医疗费用进行专项兜底救助，0.1万~5万元按70%救助，5万~10万元按80%救助，10万元以上的按90%救助。符合政策的救助对象，出院后持医疗机构出具的相关资料，到区扶贫办填报《黔江区建档立卡贫困对象医疗救助申报表》，由区医疗保险局对申报资料进行审核，计算出救助金额，每月一次报区财政局进行集中支付。2016年，医疗救助基金已支付救助费用100.7万元，惠及贫困家庭421户。

五、重庆就业服务的扶贫实践与脱贫成就

（一）重庆就业服务扶贫的基本战略与实践状况

扶贫攻坚以来，重庆市全面发力、扎实推进农村就业服务，围绕建档立卡户的基础信息，分类施策提供技能培训、转移就业和劳务协作等服务，提高贫困家庭的劳动者就业能力。重庆市对有培训意愿的贫困劳动力开展技能培训，鼓励企业在贫困区县贫困劳动力集中的村、乡镇开办扶贫车间、厂房、加工点，支持市内贫困劳动力到东部较发达地区务工，开发公益性岗位助推贫困群众就业脱贫，将公益性岗位补贴由城镇就业困难人员扩展到有就业意愿的建卡贫困人口，实施高校毕业生就业创业促进计划，帮助家庭经济困难、少数民族、生源、残疾毕业生等各类就业困难群

体就业创业。重庆市目前直接强调和涉及就业服务扶贫的基本战略主要有《关于进一步加强就业扶贫工作的通知》《关于精准扶贫精准脱贫的实施意见》等。

2015 年，重庆市将贫困人口的培训职业由 88 个扩大到 149 个，培训政策咨询等服务 1.8 万人次，提供创业担保贷款近 1 亿元，实现创业 0.2 万人；2016 年开展"定向式"技能培训 24.1 万人次，培育致富带头人 6358 人，领（创）办企业 4686 个，带动贫困对象 8.9 万人；2018 年累计组织 2.2 万名贫困人员参加各类就业创业技能培训、发放补贴 1893 万元，累计举办各类专场招聘活动 374 场次、提供岗位 31 万个；2018 年联合山东开展职业技能培训 47 次、培训贫困人员 2173 人，"校企合作"联合招生 110 人，437 家鲁籍企业提供就业岗位近 6 万个，转移 972 个贫困人员到山东就业。2015 年，重庆市积极引导贫困群众梯度转移，新转移贫困人口 7.5 万人。截至 2015 年底，重庆市坚持把公路养护管理与助推贫困群众脱贫致富工作结合起来，每年投入 3 亿元，采取就近、就地原则，充分吸纳建档立卡贫困群众，先后录用 3000 名贫困群众负责清洁保养，"十三五"规划期间新提供 7000 个就业岗位；2016 年创新开发保洁、保绿、护林、护路等公益性岗位，向 1.2 万贫困人员发放公益性岗位补贴 8382 万元，林业生态护林员 11567 人中建档立卡贫困人口 4784 人；截至 2016 年 7 月底，共开发公益性岗位 26573 个，已安置建档立卡贫困人员 16573 人；截至 2016 年，水利建设共用贫困人口就业 7109 人。2015 年，重庆市先后为贫困毕业生举办 100 余场招聘会、提供 1.5 万个就业岗位。2018 年以来，重庆市针对有创业意愿的贫困劳动力，累计向建卡贫困户发放创业担保贷款 6461 余万元，扶持创业 626 户；实施泛海扬帆——重庆大学生创业行动，无偿资助国家级贫困区县大学生创业项目 63 个，发放资助金 172 万元；重点培育 16 家孵化基地和创业园，孵化各类市场主体 2200 余个，累计培育创业主体 9000 余户，带动就业 1.2 万人。

（二）重庆就业服务扶贫典型项目的实践与成就

为提升就业服务扶贫的绩效，除实施基本战略外，重庆市着力推动就业鲁渝行"春风送岗助脱贫""民营企业招聘周"创业意识培训（GYB）、创办你的企业（SYB）和微企创业培训等项目的开展，不少项目都取得了显著的扶贫成就。本节主要介绍鲁渝行"春风送岗助脱贫"项目的实践过程与扶贫成就。

就业鲁渝行——"春风送岗助脱贫"项目旨在促进深度贫困地区有就业意愿的贫困劳动力尽可能实现转移就业，该项目是由山东省人力资源和社会保障厅、重庆市人力资源和社会保障局、云阳县人民政府主办，山东省公共就业和人才服务中心、重庆市就业服务管理局等承办的项目。项目活动共设两个会场，云阳县主会场共有178家（其中山东106家、重庆72家）重庆市内外企业进场招聘，提供岗位2.7万个（其中山东1.9万个、重庆0.8万个）；酉阳县分会场共有153家（其中山东96家、重庆57家）重庆市内外企业进场招聘，提供岗位1.3万个（其中山东1万个、重庆0.3万个）。项目活动现场还设有就业政策宣传区、招聘求职区、培训报名区、创业担保贷款咨询区、网络平台宣传区提供综合性服务，切实解决就业问题。之后，重庆市陆续在其他深度贫困乡镇也有开展，并不断健全以政府援助为基础、市场合作为重点、人力支持为纽带的鲁渝扶贫协作工作体系，切实促进重庆市贫困劳动力实现充分就业。

（三）重庆部分区县的就业服务扶贫实践与成就

1. 秦巴山区的就业服务扶贫实践与成就

秦巴山区依托自身资源优势和产业基础，通过实体经济壮大增加就业岗位。具体地，秦巴山区通过做大做强柑橘产业，科学发展畜禽养殖和生态渔业，大力发展中药产业和林下经济，建设一批无公害、绿色和有机食品生产基地；拉长产业链条，大力发展以山地鸡、老腊肉为主的农畜产品加工业；着力培育盐气化工、生物制药、农产品加工等生产企业；有序开发开县的绿豆岩、巫溪的钒钼矿、巫山的铁矿、城口的锰矿等矿产资源；积极发展电子制造业、汽摩及配件、船舶修造等机械制造产业；提升长江大小三峡、天坑地缝等精品景区，构建长江三峡国际黄金旅游带，加快发展休闲度假旅游、乡村体验旅游和避暑纳凉旅游，建成一批服务主城、覆盖周边的休闲旅游基地和贫困地区高山纳凉旅游带，为贫困群众提供了丰富的就业岗位。

2. 黔江区的就业服务扶贫实践与成就

近年来，黔江区通过"两调查四精准一监测"大力推进贫困劳动力就业。黔江区在"两调查"摸清了贫困劳动力、有就业意愿贫困劳动力、有就业能力贫困劳动力与就业需求底数的基础上，依托已有劳务基地资源，深化与新疆、陕西、福建等省份的劳务合作，强化与永川区对口帮扶等多种途径，深入了解企业的用工现状和需求，及时做好人力资源市场供求分析，准确掌握企业用工信息；通过"四精准"——精准培训强技能、精准扶持强创业、精准搭桥强就业、精准管理强保障帮助贫困劳动力就业；通过"一监测"，建立就业失业动态监测机制，了解高校毕业生、农民工等各类就业困难人员的就失业状况，并通过就失业动态监测系统对全区用工、失业情况定期进行数据分析，不断完善帮扶措施。截至 2016 年，黔江区有针对性地开展就业技能等培训 2.86 万人次，带动贫困户脱贫 1820 人；针对性地举办致富带头人扶贫创业、高校毕业生大学生版（SYB）创业培训、创业指导培训等 1309 人次，发放扶贫小额信贷 698 户、2007.33 万元，三权抵押贴息贷款 231 户、贷款金额 3163 万元、贴息金额 237.2 万元，创业担保贷款发放贷款 1077 户、13214 万元，帮助贫困户创业脱贫 376 人，新增就近务工岗位 800 个，实现贫困户就近就业 500 余人；举办大学生和贫困人员参与的各类专场招聘会 15 场，提供就业岗位 8520 个，办理求职登记 4719 人，开展职业指导 5622 人，开发公益性岗位 500 个，实现公益性岗位就业脱贫 28 人，引导帮助 4178 人贫困人员实现转移就业，帮助 4000 余户贫困家庭实现增收脱贫；开展一系列劳动保障专项检查活动，检查区内用人单位 170 家，为 1382 名农民工（贫困人口 24 名）追回被拖欠工资 2025 万元，为 13 名劳动者解决经济补偿金 7.5 万元；利用基层就业服务平台以及 70 家企业用工监测点和 30 家企业失业动态监测点，建立就业失业动态监测机制预防失业。

3. 酉阳县的就业服务扶贫实践与成就

近年来，酉阳县基于贫困群众"两不愁三保障"，坚持把建档立卡贫困人口就业作为帮助贫困群众建立"造血"机能、稳定增收长效机制的关键措施，合理开发公益性岗位，多渠道保障贫困群众就业。截至 2018 年底，酉阳县从财政扶贫资金、易地扶贫搬迁融资资金中整合 3600 万元，专项用于建档立卡贫困人口公益性岗位开发工作；酉阳县综合考虑贫困群众需求、身体状况、技能水平，结合工作实际，全县开发设施公共环境绿化岗、公共区域保洁岗、公共设施维护岗、治安服务岗、助残服务岗、其他岗6类公益性岗位共10000个，由各乡镇（街道）按照300元/人·月标准兑现落实公益性岗位补贴。

六、重庆住房保障的扶贫实践与脱贫成就

（一）重庆住房保障扶贫的基本战略与实践状况

新一轮扶贫攻坚以来，重庆市遵循产业兴旺、生态宜居、乡风文明、治理有效、生活富裕的总体目标，有序开展农村特别是农村贫困群体的旧房整治，以提升乡村建筑风貌。具体地，2015年，重庆市明确整治目标，合理确定整治区域、对象和内容，制定实施方案，加强技术指导，完善工作程序，强化资金保障，落实工作责任，支持做好建档立卡贫困户等重点对象的危房改造工作，此外重庆市还充分利用电视、报纸、广播等传统媒体以及微信公众号、网络自媒体、手机App等新媒体将旧房整治提升相关政策宣传到村、到户、到人，做到家喻户晓、深入人心。2019年，为进一步做好建档立卡贫困户、低保户、分散供养特困人员和贫困残疾人家庭4类重点对象（以下简称"4类重点对象"）危房改造工作，推动各地如期实现贫困户住房安全有保障的目标任务，重庆市响应住房和城乡建设部、财政部、国务院扶贫办近日联合下发的通知，为实现决战决胜脱贫攻坚，进一步推进贫困群众的危房改造工作，以实际行动坚决完成脱贫攻坚住房安全有保障任务。具体地，各地区要组织力量进村入户，现场抽查核实农户身份证明材料和房屋危险性鉴定结果，确保危房改造对象认定精准；要逐户制定改造措施，明确拟采取的改造方式、补助资金标准、计划改造时间等内容，实施精准管理，改造一户、销档一户；要严格执行现行建设标准，加大对深度贫困地区的倾斜支持力度，加强危房鉴定和竣工验收技术指导，做好农房抗震改造试点工作，持续深入开展作风专项治理，加强补助资金使用管理，强化责任落实；要健全完善建档立卡贫困户住房安全保

障档案资料，保障一户、建档一户，做到内容翔实具体、凭证清晰完整；要建立建档立卡贫困户住房安全保障月报制度，每月定期报送进度情况；要加强政策宣传，严格执行现行政策标准，完善住房基本功能，满足通风、透气、采光等要求，保障所有建档立卡贫困户住上结构安全、功能完善的"放心房""舒心房"。重庆市房屋危险性鉴定等级划分 A、B、C、D，全面消除现存 D 级危房，并实行"三不改"政策，长期闲置无人居住的不改造，不符合当地规划的不改造，非危房的不改造，以确保住房最危险、最困难的农户能最先受益。在具体实施中，重庆市要求在确定危房改造对象前，必须由专业机构进行鉴定，确定其安全级别，让极度危险的农房优先得到改造并对改造实行全过程监督，通过走村入户、拍照录像建档、张榜公示等方式，确保"两最"农户优先受益。在改造房屋的同时，重庆市还着力改善农村居民的生活条件与生态环境，通过集中居住、配套建设人行便道、公路、饮水、娱乐健身场地等，实现"走路不湿鞋、喝水不用抬、坝坝舞跳起来"，结合新乡村、美丽乡村示范建设等配套建设排污系统和污水处理池、减少生活污水的排放，通过沼气池的修建同步改厨、改厕、改圈等。重庆市目前直接强调和涉及住房保障扶贫的基本战略主要有《住房安全保障相关政策的通知》《人居环境整治三年行动方案》《重庆市实施乡村振兴战略行动计划》《整间房屋损毁认定标准》《关于加强危房改造资金使用管理助力全面完成脱贫攻坚任务的通知》《重庆市旧房整治提升管理信息系统》《美丽乡村建设指南》等。

2013 年，重庆市大力实施高山生态扶贫搬迁工程，加大投入支持贫困户危房改造，结合改厕、改灶、改水、改电、改路等项目实施，贫困地区农民居住条件明显改善，贫困地区居民人均住房面积可达 37.9 平方米，居民住房中砖木和钢筋混凝土所占比重可达 92%。2015 年完成 10 个区县 2422 户建档立卡贫困户危房改造，2016 年 1~7 月改造完成 9.1 万户建档立卡贫困户的危房改造，其中 D 级危房 3.5 万元/户，剩余建档立卡贫困户危房改造均在不同时间内展开并保证 2019 年底之前全部开工，2020 年 6 月之底前全部竣工。

（二）重庆住房保障扶贫典型项目的实践与成就

为提升住房保障扶贫的绩效，除实施基本战略外，重庆市着力推动贫困户住房保险试点、贫困户危房改造等的项目开展，不少项目都取得了显著的扶贫成就。

为给贫困群体提供住房保障，重庆市在万州区、黔江区、开县、云阳县、丰都县、巫溪县、石柱县、酉阳县、彭水县9个贫困区县启动建卡贫困户住房保险试点项目。重庆市首先对建卡贫困户住房保险总体目标、时间步骤、工作要求以及保险产品介绍、承保理赔服务流程等进行了业务培训。其次，重庆市精准发力，将试点区域全部建卡贫困户纳入住房保障范围。再次，重庆市基于财政买单前提，通过创新金融扶贫，放大扶贫资金使用效益。最后，重庆市还优化服务，建立快捷方便有效的理赔机制，制定重大灾害事故应急预案。项目总体安排了财政专项扶贫资金548万元，为试点区县83万贫困人口购买住房保险，编织了一张防灾减灾的扶贫保障网。

重庆市危房改造主要采取"主体排危、环境整治、充实提升"的模式，在排除危房安全隐患的同时，同步进行环境整治。具体操作时，在区县申报基础上科学编制危房改造规划和年度计划，合理确定工作目标、任务和时序；指导地方采取"主体排危、环境整治、充实提升"模式，提升危房改造综合效益；加大标准图集推广力度，引导群众建设"质量安全、功能完善"的新农房；落实市政府有关危房改造补助政策要求，确保补助政策和资金执行到位惠及群众；充分发挥综合协调和统筹组织作用，深入指导各地健全规范补助对象和补助标准的审核、审批程序，实行农户自愿申请、村民会议民主评议、乡镇审核、县级审批制度；每年对各地年度危房改造目标任务完成情况进行督查，结果纳入相关考核体系。项目通过解决房屋结构隐患、满足基本居住要求的基础上，还进行了环境综合整治即建设沼气池，改厨、改厕、改水、改圈、改路、改庭院，极大地改善了贫困户住房条件。

（三）重庆部分区县的住房保障扶贫实践与成就

1. 秦巴山区的住房保障扶贫实践与成就

重庆市紧紧围绕"科学发展、富民兴渝"总目标和"一统三化两转变"战略部署，按照"区域发展带动扶贫开发，扶贫开发促进区域发展"

思路，促进秦巴山片区扶贫攻坚。其中一项重要战略便是整合小城镇建设、危旧房改造、宅基地复垦、户籍制度改革等政策，通过扶贫移民、生态移民、灾害避险移民、工程性移民等途径，对生存条件恶劣、有意愿的人群实行易地扶贫搬迁，从根本上转变生产生活方式，为其提供住房保障，促进秦巴山区群众彻底摆脱贫困。近五年来，重庆市先后整合各类资金5.6亿元，完成扶贫和生态移民11.6万人，新建农民新村150个，为易地搬迁群众提供了较好的住房保障。

2. 云阳县的住房保障扶贫实践与成就

自脱贫攻坚启动以来，该县紧紧围绕"精准扶贫精准脱贫"与"两不愁三保障"的要求，精准对象、严控标准、整合资源、细化措施，大力整合各类资源，采取差异化补助政策，实行面积与投资"双控制"，全力推进贫困户危房改造。具体地，云阳县通过把好危房对象识别关、制定危房改造"路线图"、破解改造资金保障难、打好精准扶持"组合拳"等措施，对分散供养的五保户、单身贫困人口，采取改造闲置村校校舍、集体办公用房等集体资产，集中新建一批五保家园；对重残、重病等无自建能力的，由村支两委和驻村工作队负责组织实施；政府补助与邻亲互助相结合，房屋建设与水、电配套同步推进，并实行免收行政事业性收费、免政府性基金和补贴交易环节税费的"两免一补"优惠政策。截至2016年12月初，云阳县整合资金2.15亿元，已完工深度和一般贫困户C、D级危房改造5881户，全县2518户深度贫困户D级危房改造完工入住率达到87%，1227户一般贫困户C、D级危房改造全面启动，全面实现了贫困户住房安全和保障。

3. 奉节县的住房保障扶贫实践与成就

为坚决打赢打好脱贫攻坚战，奉节县聚焦住房安全精准施策，在平安乡、冯坪乡等5个乡镇试点，采用摸家底、建台账、晒标准、促改建、严监管"五步工作法"，对建卡贫困户、低保户、分散供养特困人员、贫困残疾人家庭户"四类户"及居住土坯房且为唯一住房的非贫困户进行改造，确保房屋危有所改、改有所成、成有所效。据统计，截至2018年5月底，奉节县累计改厕1.67万户、改厨1.94万户、改圈1.43万户、改院坝7453户、改立面7453户，易地扶贫搬迁4.09万人，贫困群众的生活环境得到极大改善，生产生活质量大幅提升。

第三节　减贫视角下重庆基本公共服务水平的提升建议

基本公共服务问题是一个全球性问题，若处置不当，将会阻碍经济发展、导致社会混乱，甚至引发政治危机。世界主要市场经济国家，特别是多数发达国家和少数发展中国家，均已实现或正在实现城乡间基本公共服务的均等化，在实践上突破了市场经济理论的困惑，基本公共服务可获得性能达到一个较好水平。重庆市基本公共服务的减贫效果显著，但仍需要研究、总结与借鉴其他国家和国内先进地区的经验教训，正确处理目前所面临和未来可能出现的各种问题，在基本公共服务均等化战略下，进一步将基本公共服务的视角放在可获得性提升上，根据自身历史和现实找出具有重庆特色的促进贫困群体基本公共服务水平提升的路径，以利于经济与社会的健康有序发展。

一、提升政府财政能力与调整财政结构

提升政府及相关主体的基本公共服务供给能力。政府供给能力是居民基本公共服务可获得性高低的基础。要提升基本公共服务可获得性，必须首先提高政府的供给能力。

（一）增加政府基本公共服务供给的专项资金

增加专项资金是重庆市政府履行基本公共服务责任机制的经济基础与保障，也是提升重庆市政府基本公共服务能力的必然选择。目前，公共财政支出大量被用在政府管不好与管不了的领域，而在公共服务领域尤其是基本公共服务领域的运用相对较少，长期存在基本公共服务供给不足、覆盖率小的问题与不足。因此，需努力实现公共服务型政府转型，从全能政

府转变成为有限政府、责任政府，降低经济服务的财政支出比重，减少各级政府对市场的直接干预、发挥市场配置资源的主导地位，进一步完善基本公共服务供给的角色，强化政府对基本公共服务领域的支出与转移支付，使基本公共服务支出成为重庆市政府公共服务支出的主体之一。

（二）明确政府基本公共服务供给的责任机制

我国各级政府过去的无限责任抑制了市场功能与社会功能的发挥，出现政府过多直接干预不该涉足的领域却没有关注公共产品与服务供给等关键领域的现象。要解决这一问题，重庆市同样应进一步明确政府对基本公共服务的监管职能与责任，注重政府对经济和社会的调控功能，而非直接干预。首先，应构建政府为主导，多元主体参与的基本公共服务供给机制，并加强其他主体对政府公共服务决策、提供的监督，并强化其他参与主体对基本公共服务的责任意识和使命感。其次，重庆市政府应将政策制定、基本公共服务提供与监管职能进行适度分离，以构建政府监管为核心的多层次公共服务监管体系。再次，与基本公共服务决策机制一致，需构建基本公共服务供给的问责机制，以防止服务提供机构的激励机制扭曲，用私人利益代替公共利益。最后，逐步完善重庆市政府的基本公共服务责任机制，确保公众在基本公共服务供给中的参与权，使接受基本公共服务的群众能以一种有组织、制度化的方式参与到基本公共服务供给中。此外，在基本公共服务供给中，还要注重宏观调控，这意味着：一方面，重庆市政府责任必须由传统的无限责任转变为有限责任。另一方面，重庆市政府责任行为方式必须由传统行为方式转变为现代简洁的、非权力的行为方式。

（三）借助市场规律指导基本公共服务的供给

在处理政府和市场的关系时，应根据当下经济社会环境与技术水平，将服务型政府、责任政府和有限政府建设作为中心，推进重庆市政府角色与职能的转变。一方面，要明确界定政府在基本公共服务供给中应该承担的政府角色和职责，认真落实相应的职能和应该履行的基本公共服务责任，在重视政府对市场监管的同时，加强企业、非营利组织与公众对政府基本公共服务角色的监督；另一方面，在多主体供给基本公共服务的供给模式下，构建有效的产权制度，保障多元化主体的财产所有权及其合法权益不受侵犯，同样用以约束各市场经济主体的行为，防范其在追求自身利益时损害其他主体的权益。

重庆市各级政府应当结合贫困地区特定区域的基本公共服务投入强度、基本公共服务可获得性水平和经济发展水平的实际情况，采取不同的策略与措施，确保不同贫困区域基本公共服务可获得性的减贫增收效应的充分发挥。重庆市政府在配置基本公共服务资源时，应在不同区域实施有差别的基本公共服务可获得性提升政策，应更多地向经济发展水平落后、基本公共服务投入强度相对较低的中西部贫困地区倾斜，把提高基本公共卫生服务投入和基本公共服务可获得性水平作为扶贫工作的重要抓手。

二、构建基本公共服务的偏好显示机制

基本公共服务可获得性除受供给方决定外，还与基本公共服务需求方密切相关，需求方的需求信息是基本公共服务减贫增收效应发挥的重要前提。随着经济社会发展步伐的不断推进，居民对基本公共服务的需求冲动越来越强烈。但居民在基本公共服务提供中显示自身需求与偏好的渠道少，且部分渠道还不畅，居民知道自身需求什么基本公共服务，但却不知道该向谁表达、如何表达。需求方对基本公共服务需求偏好的表达需要借助一定的表达机制才能顺利显示。

(一) 提高贫困群体基本公共服务需求表达能力

居民基本公共服务需求表达并非单一的经济问题，也非单一的政治问题，还涉及居民自身素质、政府职能与经济社会环境等。重庆市在贫困群体基本公共服务需求表达机制设计中，应始终坚持"以人为本"的理念，需重视贫困群体科学文化素质的提高，大力发展各级各类教育、注重提高贫困群体的政治素质、用先进文化占领文化阵地，提升贫困群体基本公共服务需求表达能力，使其具备基本的知识储备，能够明确个人权利与权利表达方式。

（二）促进基本公共服务需求表达渠道的多元化

在基本公共服务偏好显示机制中，应始终坚持并充分体现"公民参与"的理念，为城乡居民特别是贫困群体提供多元化的基本公共服务参与渠道，如问卷调查、网络论坛、公共媒体、听证制度、民意测验制度、新闻舆论调查制度等，并保证居民基本公共服务需求表达通道是畅通的。

（三）丰富基本公共服务的需求内容和指标体系

除具备表达能力和拥有多元化渠道外，需求表达机制构建应该包含丰富的基本需求内容和体系供需求者选择，应足够支撑需求者对基本公共服务数量需求、质量需求、类型需求及需求能力、获取能力、利用能力等的表达。总体来看，要构建有效的需求表达机制，必须在民主的框架下，通过赋予居民合法的话语权，使居民通过直接或间接的渠道，充分表达居民对承担或获取基本公共服务利益的意见，通过政府有效的回应力，才能使一定范围内大多数的基本公共服务需求得以满足。

三、构建基本公共服务的供给决策机制

供给决策机制科学与否，直接关系着基本公共服务的落实效果，进而影响经济社会的健康发展与群众利益的充分实现。在基本公共服务类型多样、财政资金有限与现实状况复杂多样的负载背景下，构建基本公共服务供给决策机制的规范与完善在提升基本公共服务可获得性时势在必行。

（一）推进基本公共服务供给的政务公开

政务公开可解决政府在基本公共服务供给中执行相关决策、制定相关政策与法律时的随意、任意和暗箱操作行为。在进一步推进重庆市基本公共服务供给政务公开时，除涉及国家安全或机密并由法律规定不能公开的项目外，其他项目均应该公开。政府基本公共服务供给的政务公开，应该注意两方面的内容：一是行政机关的决策活动与决策过程公开；二是行政机关制定与决定的文件、资料信息等的公开。

重庆市政府立志于建立公共服务型政府，就需要着力建立与健全基本公共服务信息的公布机制、沟通机制与责任追究机制，公开基本公共服务的执行依据，提高执行程度的透明度，明确各个基本公共服务的收费项目与标准，公布具体基本公共服务的办理期限，提高市场主体和社会公众参与基本公共服务的积极性与主动性，从而提高政府基本公共服务的供给效率，保证合法、公正、主动地为社会提供优质高效的基本公共服务机制，并确保社会公众能够切实有效地监督基本公共服务的生产与提供，使基本公共服务在一个开放的、竞争的和透明的社会环境中不断发展与完善。

（二）明确政府基本公共服务的问责制度

政府问责制度可保证基本公共服务供给的规范化与合理化。

首先，重庆市应完善决策失误的责任认定机制。因缺乏具体的可操作性规则与程序，基本公共服务供给中所出现的失误，多数情况下是无人负责，导致政府在进行基本公共服务供给决策时充满随意性与重复性。故应按权责对等原则明确决策系统与其他系统的责任与权利。

其次，重庆市应寻求多元化的决策责任追究途径。责任追究的途径可对应基本公共服务决策失误所导致的后果类型加以区分。对于决策失误造成的经济损失，可根据基本公共服务决策者的过错，相关法律法规要求其承担相应的经济赔偿责任，以此限制、规避与降低当局的决策者在制定基本公共服务决策时失误的概率。对于决策失误造成重大失误的，权力机关可视情况对责任人提出罢免或由责任人主动提出辞职。对于决策失误造成严重经济损失或影响极其恶劣的，还应依据刑法对责任人加以制裁。

最后，重庆市应建立与完善决策的效益评估机制。效益评估是基本公共服务政府问责制的可靠与科学依据。要顺利实行行政问责制，首先要对决策者的责任给出定性与定量评估，并分清楚是不遵守程序的责任、程序执行质量不高的责任、决策者资格不符或素质不高的责任以及对决策方案判断或选择不当的责任等。重庆市基本公共服务供给中，要明确这些责任则需要客观、细致、准确核算决策所发生的各种成本，包括人、财、物、力及政策等的投入，并形成完整的基本公共服务决策绩效评价体系。具体到评价标准制定则应以居民对基本公共服务的决策、提供是否满意、是否认可为依据。

（三）加强公众参与基本公共服务的供给

社会公众参与是政府决策的公共性使然，也是政府公共服务决策民主性的要求。在基本公共服务供给中，首先，重庆市政府应该让公众参与决定该提供什么档次的服务、什么类型的服务、什么门槛的服务，并征求公众的意见。其次，若重庆市政府未能提供服务居民合理期待的基本公共服务，居民具有申诉权，并有要求赔偿的权利。最后，重庆市政府应建立基本公共服务质量目标体系，并对照目标向公众汇报基本公共服务执行的结果。

重庆市政府在公众参与中应注意以多数参与公众公共利益为决策基础、注重提供多元化的公众参与渠道，如问卷调查、网络论坛、公共媒体、听证制度、民意测验制度、新闻舆论调查制度等；在条件成熟地设立居民议事厅，请农民代表就重大的、民众关注的供给方面提出意见与建议。注意决策权限、程序、结果公开能够较好完成；但程序、权限的公开尚有不足，进一步完善重庆市政府基本公共服务决策沿着法制化的道路前进。

四、培育贫困群体基本公共服务获取能力

基本公共服务可获得性并非供给方所能单独决定的，还与基本公共服务获取方密切相关。在今后基本公共服务供给中，重庆市要提升贫困群体的基本公共服务可获得性，还需从居民自身出发，在提高贫困群体可行能力方面作出努力。贫困群体的可行能力包含贫困群体对基本公共服务的获取与利用能力。其中，获取能力是贫困群体基本公共服务可获得性的基础，而利用能力则通过影响居民所获取基本公共服务的有效配置而决定基本公共服务可获得性增收效应的发挥。对于贫困群体可行能力提高，最重要的途径是增加贫困群体的"交换权利"，而居民"交换权利"的扩张主要有赖于实物资本、人力资本和社会资本的增加。

（一）促进农村贫困群体的去身份化

贫困群体多为聚集在农村地区的农村居民，要提升农村贫困群体的基本公共服务可获得性，需进一步促进农村居民的去身份化，提升农村居民可交换的实物资本总量。随着工业化进程的不断加速、工业支持农业时代的迅速到来，农村居民必将走上转变身份之路。不断破除城乡分割的户籍制度障碍，实现与城市居民间身份性的平等，保障居民的各种社会权利，从而提高农户可交换的实物资本总量，提升其基本公共服务的获取能力。

（二）提升贫困群体可交换人力资本

基本公共服务获取的重要前提，除了身份等对所拥有实物资本的限制外，还受其个人能力的影响，跟其人力资本有关。这就使受教育水平与身体健康程度成为贫困群体获取基本公共服务能力的决定性因素，也造成了一个内生性矛盾，基本公共服务的获取可能会更多地集中到精英人群中。但这从侧面反映了教育、医疗公共服务在基本公共服务中处于优先地位，基本公共服务供给首先应加强教育与医疗基本公共服务的供给，以提高居民可交换的人力资本总量。

（三）提升贫困群体可交换社会资本

社会资本内涵丰富、类型多样，而各社会资本中组织资本对贫困群体基本公共服务可获得性的作用最强，也最有迅速提高可能的社会资本之一。在利益多元的时代，贫困群体始终处于劣势状态，其社会组织程度也低。可通过微观层面（"龙头"企业、合作社、专业协会等）和宏观层面（政府部门、行业组织）上的各种组织将贫困群体组织起来，提高贫困群体的组织化程度，提高贫困群体可交换的社会资本总量。此外，针对信息相对闭塞的现状，重庆市政府部门和行业组织可从政策上对贫困群体基本公共服务的获取与利用进行支持，以有效提高其基本公共服务可获得性。

第四章
教育人力资本与重庆脱贫攻坚战略

第一节 引言

　　本章从教育人力资本助力脱贫攻坚的内生机制分析着手，梳理我国及重庆市教育扶贫政策的演进路径及制度创新过程，在此基础上结合重庆市直辖后的经济社会发展背景，系统总结重庆市教育人力资本脱贫攻坚的基本成就，并就教育人力资本助力脱贫攻坚的典型案例进行介绍和分析。具体来看，本章共分为五节内容：第一节为引言；第二节为教育人力资本助力脱贫攻坚的内生机制；第三节为教育人力资本脱贫攻坚的政策演进过程；第四节为重庆市教育人力资本脱贫攻坚基本成就；第五节为重庆市教育人力资本脱贫攻坚典型案例。

　　从历史溯源来看，贫困地区人口综合素质低下既是产生贫困的重要诱因，又是贫困状态所引致的结果，两者之间存在着恶性循环效应。教育是提高劳动者人力资本水平和综合素质、化解贫困代际传递效应的重要途径。自 20 世纪 60 年代以来，美国经济学家舒尔茨提出的"人力资本投资"概念，为通过教育阻断贫困代际传递和恶性循环提供了坚实的理论基础。舒尔茨指出贫困地区落后的根本原因并不在于物质资源的匮乏，而是人力资本的不足，据此其认为通过教育促进劳动者人力资本形成，对实现贫困地区、贫困人口的内生脱贫以及经济社会可持续发展具有重要现实意义。之后包括世界银行在内的诸多国际性组织均进一步肯定了教育人力资本与经济增长之间的密切关系，基本上所有的工业化国家均将教育先行作为本国人力资本培育的重要战略，迅速摆脱了国家的贫困状况。

回顾新中国扶贫开发的战略演进路径可以发现，教育扶贫始终是贯穿其中的重要发展战略之一，中国的教育扶贫也历经以工农教育、初等教育、职业教育、九年义务教育、学前教育、高等教育等不同阶段和类型为帮扶重点的发展阶段，上述教育扶贫战略的实施，对普及贫困地区九年义务教育、推进贫困人口职业教育发展、改善乡村教师生存发展状况均起到了重要作用。随着教育扶贫发展进入新阶段，推动贫困地区教育质量提升和均衡发展成为中国贫困地区教育扶贫工作所面临的关键问题。为落实《中国农村扶贫开发纲要（2011-2020）》中关于教育扶贫领域的目标任务，教育部联合财政部、国家发改委、国务院扶贫开发领导小组办公室、人力资源和社会保障部、农业农村部出台了《关于实施教育扶贫工程的意见》，随后教育部、国家发改委、国务院扶贫开发领导小组办公室、财政部等国务院职能部门又单独或联合颁布了一系列涉及学前教育、基础教育、职业教育、高等教育等不同领域的教育扶贫指导文件、实施方案、支持计划等。2015 年，国家扶贫攻坚战全面打响后，为精准帮扶贫困地区的每一所学校、每一名教师和每一位学生，根据国务院扶贫开发领导小组办公室作出的"五个工作平台、六项扶贫行动、十项精准扶贫工程"的战略部署，教育部联合相关部委共同发起了教育扶贫领域十大行动计划，多项旨在保障贫困地区学生受教育权利、提高贫困地区人口综合素质、促进贫困人口人力资本脱贫的超常规措施相继出台，我国教育扶贫发展战略被提升到了一个新的高度。

与此同时，在国家教育扶贫政策设计的理念指导和思路框架下，重庆市委市政府及各区县地方政府也相继出台了一系列配套的教育扶贫政策举措，与国家教育扶贫政策配套构成了系统全面、层次分明、重点突出的教育扶贫政策框架，在此政策框架指导下，重庆市教育领域扶贫攻坚也取得了非常显著的成就。为此，本章在对教育人力资本助力脱贫攻坚的内生机制和政策演进过程进行梳理和分析的基础上，重点介绍重庆市教育人力资本脱贫攻坚的基本情况，选编重庆市教育人力资本助力脱贫攻坚战略实施的典型案例，最后探讨重庆市教育人力资本扶贫攻坚战略的发展方向。

第二节　教育人力资本助力脱贫攻坚的内生机制

扶贫先扶智，治贫先治愚，教育人力资本扶贫作为"十三五"精准脱贫攻坚战略的重要举措，已逐渐成为政府和学界的共识，通过教育人力资本提升助力脱贫攻坚战略实现也是一条最为重要的脱贫之道。要想深入分析教育人力资本助力脱贫攻坚的内生机制，必须首先对教育人力资本扶贫的基本内涵有准确认知，同时还要系统把握教育人力资本扶贫所隐含的公平正义理念重塑。因此，本节内容重点围绕教育人力资本扶贫的基本内涵阐释、教育人力资本扶贫的公平理念重塑、教育人力资本扶贫的内生机制分析三部分内容展开。

一、教育人力资本扶贫的基本内涵阐释

目前，对于教育人力资本扶贫的内涵阐释主要有两种视角，一种内涵阐释视角认为教育人力资本扶贫主要就是借助教育、依靠教育实现扶贫。持此类观点的学者普遍认为，教育人力资本扶贫主要是指针对贫困地区的贫困人口进行教育投入以及相应的教育资助服务，促进公共教育资源向贫困地区倾斜，优化教育资源的区域配置，帮助贫困人口提升个体人力资本水平，快速掌握脱贫致富的知识和技能，并最终摆脱贫困的一种扶贫手段（钟慧笑，2016）。从这种观点的基本思路可以认识到，教育人力资本扶贫战略的实施主要是通过教育对贫困地区人口的素质改造来完成的，扶贫先扶智，治贫先治愚，"扶智"和"治愚"的根本方法在于教育投资，通过教育投资提升劳动者的人力资本水平，进而阻断贫困在代际间的传递（王嘉毅等，2016）。另一种内涵阐释视角则认为教育扶贫不仅在于"依靠教育来实现扶贫"，还需要"扶教育之贫"。持此类观点的学者一般认为，教育一直以来都是扶贫攻坚的主要阵地和关键领域，一方面应通过政策倾斜、资金投入、结构调整等手段实现教育领域的减贫和脱贫，另一方面应

将教育作为扶贫的重要工具,通过发展教育来促进贫困地区、贫困人口人力资本水平提升,带动贫困地区、贫困人口脱贫致富(刘军豪、许锋华,2016)。尽管上述两种阐释视角从字面上来看存在理解思路上的差异,但其核心是都将发展教育作为减贫的重要举措,通过加大教育领域投入来提高教育发展水平,借助教育水平提升促进贫困地区、贫困人口综合素质更新,因而这两种阐释视角具有内在的共通性。

综合上述观点可以总结得出,教育人力资本扶贫即是通过教育手段提升人力资本水平进而帮助贫困地区和贫困人口减贫脱贫,最终阻断贫困在代际间的传递。换而言之,其主要是通过提高贫困地区、贫困人口的教育水平和人力资本存量,帮助贫困群体掌握脱贫致富的知识和技能,强化贫困群体的教育文化素质,以此形成贫困地区脱贫的内生动力,并促进当地经济社会发展。具体来看,可从以下几个维度来理解教育人力资本扶贫的内涵:

其一,教育人力资本扶贫是阻断贫困代际传递的最有效手段。一般而言,扶贫攻坚涉及诸多领域,2015 年《中共中央 国务院关于打赢脱贫攻坚战的决定》提出了包含"教育支持"在内的六种精准扶贫方式,并围绕教育脱贫制定了一系列行动计划。与其他几种扶贫方式相比,教育扶贫所具有的内在特征具有不可替代性,借助教育手段可以实现贫困人口知识和技能的内化,通过提升贫困人口的科学文化素质有助于形成脱贫致富的内生动力。从更深层面来看,教育扶贫有助于扭转贫困地区不重视子女教育的传统观念,提高子代受教育水平和脱贫致富的能力。世界银行的研究报告披露,以世界银行划定的贫困线为标准,若家庭中的劳动力受教育年限少于 6 年,则贫困发生率达到 16% 以上;若将受教育年限增加 3 年,则贫困发生率会下降到 7% 左右;若在此基础上再增加 3 年,则贫困发生率将低至 2.5%;若劳动力受教育年限超过 12 年,则基本上不会产生贫困现象。与此类似的结论是,教育水平的提升往往与个体收入的提升呈现同向增长趋势,以平均收入指数 100 为基点,受教育年限在 6~9 年、9~12 年、12 年以上的平均收入指数分别上升到 130、208 和 356(世界银行,2009)。上述调查结果均反映出教育人力资本扶贫的确是实现根本脱贫的关键举措。

其二,教育人力资本扶贫是保障贫困地区和贫困人口可持续发展的重要途径。贫困现象的产生既与自然禀赋环境等因素相关,同时也受人为因素和社会条件的制约。从中华人民共和国成立以来的扶贫实践来看，"输血式"扶贫开发方式无法铲除贫困的根源，只能缓解贫困人群的燃眉之急，唯有"造血式"扶贫开发方式才能从根源上消除贫困产生的诱因，而借助教育投入实现人力资本增值正是一种"造血式"扶贫手段，有助于贫困地区、贫困人口形成可持续的脱贫致富能力。

其三，因地制宜、精准施策是提高教育人力资本扶贫成效的关键步骤。2015年，习近平总书记在中央扶贫开发工作会议上指出，"要坚持精准扶贫、精准脱贫、重在提高脱贫攻坚成效；关键是要找准路子、构建好的体制机制、在精准施策上出实招、在精准推进上下功夫、在精准落地上见实效"。从我国教育发展实际来看，不同贫困地区教育发展的基础、资源和外部环境均存在显著差异，教育投入的重点领域也不会千篇一律，应突出因地制宜、精准施策的指导思路，着力提高教育人力资本扶贫的实际成效。

二、教育人力资本扶贫的公平理念重塑

从本源意义上来看，贫困问题不仅仅是社会民生所盼，其更涉及深层次的社会公平正义问题。公平正义历来被认为是现代社会的核心价值观念和行为准则，公平强调的是社会的公正与平等，正义则通常与社会制度规范相关联，其明确了社会成员的基本权利义务关系，也规定了社会成员之间的利益合理分配，公平是正义的基础和核心。社会公平正义的实现必须遵循起点公平、过程公平和结果公平三大价值理念。扶贫攻坚战略的实施从表面来看是要消除贫困地区、贫困人口中存在的贫困现象，但其本质上是为了消除社会本源性的不平等，使全社会达到公平正义的理想状态。教育人力资本扶贫同样体现着社会公平正义理念的重塑，这一过程本身就隐含着对社会公平正义价值观的崇尚（司树杰等，2016）。

其一，教育人力资本扶贫体现了差别正义的基本原则。在谈论公平正义这一基本价值观时，首先需要明确的是，公平正义绝不是简单的平均主义，也不是整齐划一的一刀切。贫困地区、贫困人口的教育水平长期以来受自然条件、社会环境、历史因素的影响而处于较低状态，直接影响了贫困群体知识技能、科学文化素养的内化过程，以及将其转化为现实生产力

的能力，也制约了当地经济社会发展水平的提升。实施教育人力资本扶贫，主要是采用超常规的政策扶持和资金投入，快速弥补过去对贫困地区、贫困人口教育扶持方面的欠账，尽可能实现教育起点公平，遵循差别正义的基本原则，来确保贫困地区、贫困人口能够享受到优质的教育资源，增强脱贫攻坚内生动力。

其二，教育人力资本扶贫体现了机会均等的基本思想。习近平总书记2015年6月在贵州召开部分省区党委主要负责同志座谈会时强调，"消除贫困、改善民生、实现共同富裕，是社会主义的本质要求，更是我们党的重要使命"。教育人力资本扶贫不仅要从起点上保障贫困人口的受教育机会，还要在结果层面上确保教育投入能够给贫困地区、贫困人口的教育水平提升带来实际效果。这也要求基础教育、职业教育、高等教育等各级各类型教育形态都应积极参与到教育人力资本扶贫过程中来，结合贫困地区、贫困人口的实际需求开展针对性的教育公共资源供给，努力实现贫困群体接受教育的机会均等。

其三，教育人力资本扶贫体现了基本权利的平等共享。从现代社会发展的价值取向来看，教育人力资本扶贫实际上是从权利层面保障了贫困群体受教育的基本权利，对这一群体脱贫致富可持续能力的提升具有重要作用。作为社会成员，其应平等享受自我发展和自我实现所需的各项基本权益，社会也不能够因成员间在出身、财产等方面的差别而使其享受权利存在差别。接受教育是社会公民的一项基本权利，理应确保贫困地区、贫困人口能够平等共享这一权利，从而实现个体在社会中的可持续发展。

三、教育人力资本扶贫的内生机制分析

贫困现象的产生和贫困问题的出现尽管与地区资源禀赋、个体能力等存在明显关联，但其本质上还是由于这部分贫困群体缺乏公平社会制度的保障，从而导致部分生存发展权利的丧失。要想确保贫困地区、贫困人口实现可持续的减贫脱贫，就必须对导致贫困的部分运转不畅的社会制度进行矫正，通过制度创新和机制构建来激发贫困群体脱贫的内生动力。教育人力资本扶贫的内生机制应从起点公平、过程公平和结果公平三个方面统

筹考虑和设计，具体来看主要包括以下三个方面：

其一，通过保障贫困地区和贫困人口受教育的基本权利从而实现起点公平正义。在相当长一段时间内，贫困人群无法平等充分地享受到应有权利是其致贫的重要诱因。我国城乡之间的教育发展水平存在明显差距，贫困农村地区的教育硬件设施、师资水平、教学经费等相对薄弱，教育起点的不公平使贫困人群的教育权利丧失，进而制约了这一群体自我发展能力的提升，最终导致贫困形成代际传递和恶性循环。2012 年 12 月，习近平总书记在河北阜平考察扶贫开发工作时就指出，"治贫先治愚，要把下一代的教育工作做好，特别是要注重山区贫困地区下一代的成长，下一代要过上好生活，首先要有文化，这样将来他们的发展就完全不同，义务教育一定要搞好，让孩子们受到好的教育，不要让孩子们输在起跑线上"。2013 年 11 月，习近平总书记在同菏泽市县区主要负责同志座谈时进一步强调，"要紧紧扭住教育这个脱贫致富的根本之策，再穷不能穷教育，再穷不能穷孩子，务必把义务教育搞好，确保贫困家庭的孩子也能够享受到良好的教育"。由此可以看出，采取行之有效的措施充分保障贫困人群的受教育权利是精准教育扶贫的前提条件，也是实现贫困地区、贫困人口起点公平的必要途径。

其二，通过保障贫困地区和贫困人口的教育条件从而实现过程公平正义。贫困地区教育条件的落后缺失是导致该地区人口无法享受优质教育的重要诱因，也直接引发了贫困在代际间的传递和家庭贫困恶性循环。诺贝尔经济学奖得主阿马蒂亚·森（2013）曾指出："更好的教育和医疗保障不仅能直接改善个体的生活质量，也能够提升个体摆脱收入贫困的能力，教育和医疗保障越普及，越有可能使穷人获得更好的机会去克服贫困状态。"因而着力改善贫困地区的教育条件，让贫困人群享受到优质高效的教育公共资源，尽管仍有很长的路要走，但却最能体现教育人力资本扶贫所应有的过程公平正义理念，也应成为教育精准扶贫的重要目标举措。为此在《中共中央　国务院关于打赢脱贫攻坚战的决定》中明确强调，国家教育经费要向贫困地区、基础教育倾斜，健全学前教育资助制度，帮助农村贫困家庭幼儿接受学前教育，加大乡村教师队伍建设的支持力度，制定符合基层实际的教师招聘引进办法，全面落实连片特困地区乡村教师生活补助政策，改善贫困地区农村中小学校基本办学条件，率先对建档立卡的家庭经济困难学生免除普通高中阶段学杂费和中等职业教育学杂费，建立保障农村和贫困地区学生上重点高中的长效机制，加大对贫困家庭大学生的资助救助力度，实施教育扶贫结对帮扶计划等。上述一系列的规划举措正是从过程公平正义的视角针对性改善贫困地区、贫困人口的教育条件，阻断贫困代际传递的内在源头。

其三，通过保障贫困地区和贫困人口的教育收益从而实现结果公平正义。教育人力资本扶贫的根本宗旨在于使贫困地区和贫困人口掌握自我发展、自我脱贫的知识和技能，形成贫困人群脱贫致富的内生动力。由于贫困地区所处的自然条件、资源禀赋、文化传统、社会环境千差万别，决定了无法采用统一的帮扶方案来解决所有地区的教育脱贫问题。因此，教育人力资本扶贫必须要制定针对性、可操作性的方案、采用实用性、本土化的教育形式及内容，让贫困地区和贫困人口切身感受到教育扶贫所带来的经济收益和心理获得感，使其发自内心地愿意参与到教育扶贫工作中来。总而言之，保障贫困地区和贫困人口的教育收益，实现社会公平正义所要求的结果公平，方能体现教育人力资本扶贫的实际价值。

第三节　教育人力资本脱贫攻坚的政策演进过程

教育扶贫政策是中国反贫困政策设计的重要组成部分，一系列反贫困的政策文件中普遍将提高贫困人口知识技能水平，增强贫困人口综合素质作为帮助这一群体增加收入并实现脱贫致富的重要举措。2015 年，中央扶贫开发工作会议上明确将"发展教育脱贫"作为"五个一批"脱贫举措中的一类，将教育扶贫作为中国反贫困政策供给的重要组成部分，提到精准脱贫攻坚战略的政治议程上。本节从我国教育人力资本扶贫政策的价值理念定位出发，系统剖析了我国教育人力资本扶贫政策的阶段性演进过程，并对直辖以来重庆市教育人力资本扶贫政策进行梳理，以把握教育人力资本扶贫政策的动态演进轨迹。

一、我国教育人力资本扶贫政策的价值理念定位

教育公平是社会公平的应有之义，正如我国将"教育公平"作为教育政策的重要价值定位一样，教育扶贫政策也始终将缓解教育不平等、消除教育贫困、通过提高贫困群体教育水平来帮助其稳定脱贫作为重要的政策设计取向。习近平总书记曾这样论述教育公平的重要性，"要不断促进教育发展成果更多更公平惠及全体人民，以教育公平促进社会公平正义"。教育部部长陈宝生也明确指出，"教育公平是社会公平的重要基础，保基本、补短板、促公平。重中之重是推动城乡义务教育一体化发展，高度重视农村义务教育，这是缩小城乡义务教育差距的标本兼治之策，也是促进城镇基本公共服务与农村共享的关键环节，将充分彰显教育权利和机会公平"。为此，党和政府一直强调坚持教育的普惠性和公益性，以促进教育机会公平为关键，以合理配置教育资源为根本措施，以保障公民依法享有教育权利为基本要求，以促进义务教育均衡发展和资助家庭经济困难学生为重点，不断加大教育公平力度（袁贵仁，2012）。

我国教育政策框架中始终强调的教育公平，主要指人人享有平等的教育权利，人人公平享受教育资源，公共教育资源向社会弱势群体倾斜，抵制各种形式的教育特权主义。教育公平的实现对保障个体发展的起点公平、消除知识鸿沟均具有显著作用。从政策演进的时间表来看，"教育公平"作为政策术语首次出现在 2002 年的全国教育事业发展"十五"规划中，在该份政策文本中第一次强调了教育发展要坚持"社会主义教育公平和公正原则"（石中英，2008）。此后"教育公平"字眼更为频繁地出现在党和政府推进教育优先发展的一系列政策文件中，尤其是到党的十七大时，推进教育公平已上升为国家战略。总体来看，政策文本中的"教育公平"理念主要体现在政策设计的价值导向和资源配置上。从价值导向上来看，"教育公平"主要体现为"教育平等""促进教育均衡""缩小教育差距"等方面，这些导向性理念也直接被具化为一系列教育发展规划并被付诸实施。从资源配置上来看，"教育公平"涵盖了资金、师资、信息化等公共教育资源的均衡。政府教育政策文本中的"教育公平"强调的是如何实

现作为社会公共资源的教育资源合理配置，这也是教育公平的主要实现路径，以公共教育资源公平推动国家教育系统公平化建构（石中英，2015）。

众所周知，教育扶贫作为阻断贫困代际传递、消除贫困恶性循环的根本手段，其宗旨就在于通过做好贫困地区和贫困人口的教育工作进而促进减贫脱贫战略目标的实现（李兴洲，2017）。从教育人力资本扶贫政策的价值理念定位来看，建立健全教育扶贫政策运转的公平机制是实现教育公平的基本保障，推动教育扶贫领域政策创新和机制优化是解决教育扶贫领域不公平问题的主要途径，因此促进教育公平自然而然成为了我国教育扶贫工程的内在价值追求。当前，我国教育扶贫政策的设计，主要是基于地区历史条件、自然资源、经济水平、社会环境等现实条件来实现不同教育政策工具的组合。对我国教育人力资本扶贫政策的演进过程及阶段性特征进行系统回顾和分析，有助于更为科学地理解教育扶贫政策安排的意图目标，发现不同政策工具组合的优势及提升空间，进而进行相应的政策优化和制度创新。

二、我国教育人力资本扶贫政策的阶段演进过程

从教育人力资本扶贫政策演进的时间阶段及政策工具类型来看，其与中国反贫困理论与政策的演进过程具有内在的吻合性，同时也具有中国教育扶贫政策的独有特征。从我国反贫困政策的发展阶段来看，20 世纪 80 年代，贫困问题在我国依然是较为普遍的社会现象，此时反贫困政策导向主要是"造血式"帮扶政策的集中供给，如向贫困地区、贫困人口注入资金、食物以及生产资料等，受当时社会整体经济发展水平的限制，反贫困政策侧重也仅能够保障贫困人群的绝对生存。伴随着我国反贫困形势的变化以及社会福利政策取向的调整，反贫困政策设计开始逐步重视对贫困人口自我发展能力的培养，教育作为激发贫困人口脱贫主动性和脱贫能力的重要手段被提升到了更为重要的位置上。实际上，作为发展性手段与目标的教育，与中国当下扶贫所针对的相对性贫困状态是极为契合的。到 2020 年我国全面建成小康社会之际，绝对贫困状态已不再是中国社会贫困状态的主流，消除由社会福利不足所导致的分散性、相对性贫困问题将是新时代中国精准脱贫政策的主要目标取向（王文静、李兴洲，2017）。回顾改

革开放以来扶贫政策的演进轨迹，1985~2018 年，国家层面以中共中央、国务院名义颁布的涉及教育扶贫领域的政策文件共计有 39 件，本节重点以这些政策文本作为分析对象，梳理出中国教育人力资本扶贫政策的演进路径及阶段性特征。

（一）以组织建构性政策文本为主初步构建教育扶贫政策体系（1985~2000 年）

1985~2000 年，中共中央、国务院共颁布了 4 份具有代表性的教育扶贫领域政策文件，具体为 1985 年 5 月中共中央颁布的《关于教育体制改革的决定》，1994 年 4 月中共中央颁布的《国家八七扶贫攻坚计划（1994-2000 年）》，1994 年 7 月中华人民共和国国务院颁布出台的《关于〈中国教育改革和发展纲要〉的实施意见》，1999 年 6 月中共中央、国务院颁布的《关于深化教育改革全面推进素质教育的决定》。这一时期的教育扶贫领域政策文本侧重从致贫原因、扶贫内容等角度进行设计和规划，如《国家八七扶贫攻坚计划（1994-2000 年）》中有 12 处涉及"教育"领域，主要包括致贫原因、教育扶贫目标、教育扶贫内容等，具体文本内容为"要改变教育落后状况，基本普及初等教育，积极扫除青壮年文盲；开展成人职业技术教育和技术培训；积极推进贫困地区农村的教育改革，继续组织好贫困县'燎原计划'，加强成人教育和职业教育"。《关于教育体制改革的决定》《关于〈中国教育改革和发展纲要〉的实施意见》则重点涉及基础教育普及工作，还没有对不同阶段教育扶贫的重点内容进行区分，也为凸显出教育发展质量的重要性，属于教育扶贫政策框架的初步构建阶段。以 1978 年农村贫困标准为界限，1994 年我国尚有 7000 万贫困人口，而到 2000 年《国家八七扶贫攻坚计划（1994-2000 年）》的阶段性目标基本完成。①。

总体来看，这一阶段教育扶贫领域的政策文本属于组织建构阶段，政策工具类型相对来说还比较单一，主要还是将组织建设作为脱贫攻坚政策设计及实施的关键步骤（王文静、李兴洲，2017）。1985 年，我国成立了

---

① 参见国家统计局《2000 年国民经济和社会发展统计公报》，http：//www.stats.gov.cn/statsinfo/auto2074/201310/t20131031_450867.html。

国务院贫困地区经济开发领导小组，该组织于 1993 年更名为国务院扶贫开发工作领导小组并沿用至今，其作为中国反贫困政策设计、实施的统筹机构，标志着我国反贫困工作有了职能清晰的组织机构。随着 1985 年《关于教育体制改革的决定》的出台，我国教育体系经历了系统性变革，这与反贫困工作组织机构的设置基本上是同步的。在改革开放后的初期，我国绝大多数地区依然处于经济不发达状态，贫困依然是一种普遍现象，如果通过组织体系建构来集中资源进行扶贫开发，各地区的贫困状况是很难在短期内扭转的，还可能会加剧。为此，国家从顶层设计层面进行了教育扶贫领域的体制变革和机制创新，通过设置专门机构来作为教育扶贫政策的执行主体，确保教育扶贫的系列政策文件能够落地，而从这一阶段的减贫效果来看，以组织建构性政策文本为主初步构建的教育扶贫政策体系，基本实现了反贫困的阶段性政策目标。

（二）以强制性和诱导性政策文本并重基本形成教育扶贫政策体系（2001~2010 年）

进入 21 世纪后的第一个十年，我国共颁布了 16 份教育扶贫领域的政策文件，主要包括 2001 年 7 月颁布的《中国农村扶贫开发纲要（2001-2010 年）》、2002 年 4 月颁布的《关于完善农村义务教育管理体制的通知》、2002 年 8 月颁布的《关于大力推进职业教育改革和发展的决定》、2003 年 9 月颁布的《关于进一步加强农村教育工作的决定》、2004 年 9 月颁布的《关于切实解决高校贫困家庭学生困难问题的通知》、2005 年 2 月颁布的《关于加快国家扶贫开发工作重点县"两免一补"实施步伐有关工作的意见》、2005 年 12 月颁布的《关于深化农村义务教育经费保障机制改革的通知》、2007 年 5 月颁布的《关于建立健全普通本科高校、高等职业学校和中等职业学校家庭经济困难学生资助政策体系的意见》、2010 年 11 月颁布的《关于当前发展学前教育的若干意见》等。这一时期教育扶贫领域政策文本设计呈现出一些新的特点，如开始重视教育部门与其他部门在扶贫工作中的联动机制构建，大力推进义务教育普及和均等化发展，将义务教育管理体制重心由乡镇层次提升到县域层级，引导教育资源优先布局贫困地区农村教育、职业教育、继续教育等领域（向雪琪、林曾，2018）。

教育财政的资助对象也逐步从义务教育阶段延伸至学前教育、高中教育和高等教育阶段，资助范围也拓展到杂费、生活费等方面，政府奖补的财政经费作为激励性措施更为频繁地用于教育扶贫实际工作中，此外，对于义务教育入学率不达标的地区还采取检查、督导、问责等强制性压力手段（王文静、李兴洲，2017；赵阔、张晓京，2019）。

总体来看，2001~2010年，我国教育扶贫领域的政策设计遵循了强制性和诱导性并重的思路理念，既从刚性约束上规定了教育扶贫的标准要求，又从激励机制上体现出教育扶贫成效的差异性，教育扶贫政策工具进一步丰富。如《中国农村扶贫开发纲要（2001-2010年）》中分别就从诱导性视角、强制性视角和能力建设视角提出了教育领域扶贫需使用的主要手段，其政策文本内容中强调"提高群众综合素质特别是科教文化素质，是增加贫困人口经济收入的重要措施，也是促进贫困地区脱贫致富的根本途径，必须把农民科技文化素质培训作为扶贫开发的重点工作；切实加强基础教育工作，提高贫困人口的普遍受教育程度，确保在贫困地区实现九年义务教育，进一步提高适龄儿童入学率；实行农科教结合，针对性地通过各类职业技术学校和短期培训增长农民掌握先进实用技术的能力"。在这一时期，全面普及义务教育成为国家扶贫政策中被明确提出的政策目标，注重均衡发展和教育质量提升的教育公平理念在政策文本中得到强化。以2000年确定的农村贫困标准为界限，2000年我国贫困人口数量达到9422万人，而到2010年则下降至2688万人。[①]，以强制性和诱导性政策文本并重基本形成的教育扶贫政策体系发挥了重要作用。

（三）以能力建设性政策文本为主全面完善教育扶贫政策体系（2011~2020年）

从21世纪的第二个十年开始，尤其是党的十八大以来，以习近平总书记为核心的党中央高度重视脱贫攻坚工作，教育领域扶贫政策设计也被作为一项重点扶贫手段被反复提及，这一时期我国共颁布了19份教育领域扶

---

① 参见国务院新闻办公室《中国农村扶贫开发新进展白皮书》，http://www.scio.gov.cn/ztk/dtzt/63/。

贫政策文件，主要包括 2011 年 7 月颁布的《中国农村扶贫开发纲要（2011-2020 年）》、2012 年 9 月颁布的《关于深入推进义务教育均衡发展的意见》、2013 年 7 月颁布的《转发教育部等部门关于实施教育扶贫工程意见的通知》、2015 年 6 月颁布的《乡村教师支持计划（2015-2020 年）》、2015 年 12 月颁布的《中共中央　国务院关于打赢脱贫攻坚战的决定》、2016 年 11 月出台的《"十三五"脱贫攻坚规划》、2016 年 12 月颁布的《教育脱贫攻坚"十三五"规划》、2017 年 9 月颁布的《国务院办公厅关于进一步加强控辍保学提高义务教育巩固水平的通知》、2018 年 2 月颁布的《深度贫困地区教育脱贫攻坚实施方案（2018-2020 年）》、2018 年 12 月颁布的《中共中央　国务院关于全面深化新时代教师队伍建设改革的意见》等。其中如《中共中央　国务院关于打赢脱贫攻坚战的决定》《"十三五"脱贫攻坚规划》《教育脱贫攻坚"十三五"规划》等代表性政策文件中更是将贫困群体能力建设放在首要位置。如 2015 年 12 月颁布的《中共中央　国务院关于打赢脱贫攻坚战的决定》中明确要求，激发内生动力。扶贫先扶智，增强贫困人口自我发展能力；创新扶贫开发模式，由偏重"输血"向注重"造血"转变；加快实施教育扶贫工程，让贫困家庭子女都能够接受公平有质量的教育，阻断贫困代际传递。2016 年 11 月出台的《"十三五"脱贫攻坚规划》抽出专门章节明确了教育扶贫的内容，提出要以提高贫困人口基本文化素质和贫困家庭劳动力技能为抓手，瞄准教育最薄弱领域，具体举措包括提升基础教育水平，降低贫困家庭就学负担，加快发展职业教育，提高高等教育服务能力，确保贫困县义务教育巩固率达到 93 以上，同时细化了教育扶贫的量化指标和时间进度表。在此文件精神的指导下，2016 年 12 月《教育脱贫攻坚"十三五"规划》颁布实施，要求采取超常规举措精准瞄准教育最薄弱领域和最贫困群体，力争实现"人人有学上、个个有技能、家家有希望、县县有帮扶"，促进教育强民、技能富民、就业安民，坚决打赢教育扶贫攻坚战。

与前两个阶段教育领域扶贫政策文件相比较，本阶段的教育扶贫在国家脱贫攻坚战略中的地位和作用都上升到了前所未有的高度，教育扶贫政策文本也更加突出了能力建设的导向，尤其是国家公共财政对教育领域的投入力度持续加大，对贫困地区薄弱学校的硬件设施、乡村教师队伍建设的支持力度显著增强，围绕贫困地区学校硬件建设、师资培训、学生培养的能力建设性政策措施全方位展开，同时对学前教育、高中教育、职业教育、特殊教育等领域的能力建设支持水平也明显提升（王文静、李兴洲，2017）。一定程度而言，脱贫成效能否得到可持续的巩固和提升，关键就在于以能力建设为导向的教育扶贫政策是否可以有效落地。以 2010 年确定的农村贫困标准为界限，我国 2011 年贫困人口数量为 12238 万人，2016年脱贫接近 8000 万人①，贫困发生率也显著下降。

三、重庆直辖以来教育人力资本扶贫政策梳理

重庆市直辖以来，在党中央、国务院教育扶贫总体政策思路的指导下，重庆市委市政府及教育管理部门结合地区实际制定了一系列涉及教育扶贫领域的政策文件，与国家政策文件配套形成了系统支持重庆教育人力资本扶贫的政策框架。表 4-1 对重庆市直辖以来教育人力资本扶贫领域的代表性政策文本进行了梳理。

表 4-1　重庆市直辖以来教育人力资本扶贫领域代表性政策文本梳理

发布时间	政策文本名称	发文机构	主要内容
1997 年	《关于印发重庆市五三六扶贫攻坚计划的通知》（重府发〔1997〕76 号）	重庆市人民政府	增加大学、中专对贫困县定向招生比例，在收费上给予照顾。委托有关大学为贫困县举办大专培训班。各级财政应安排一定经费，设立扶贫奖学金，奖励优秀学生
1997 年	《重庆市基本普及九年义务教育基本扫除青壮年文盲要求及评估验收办法》（重府发〔1997〕67 号）	重庆市人民政府	从普及程度、办学条件、经费、特殊教育的校点按规划设置等方面确定评估标准

---

① 参见国家统计局《2011 年国民经济和社会发展统计公报》，http：//www.stats.gov.cn/tjsj/tjgb/ndtjgb/qgndtjgb/201202/t20120222_ 30026.html。

续表

发布时间	政策文本名称	发文机构	主要内容
2001 年	《重庆市农村扶贫开发十年纲要（2001-2010）》	重庆市人民政府	要把贫困地区农民科技文化素质培训作为扶贫开发的重要工作，列入扶贫开发的总体规划，切实组织实施。贫困地区在教育改革中要增大职业教育的比重，改进课程设置，实行农科教结合，有针对性地通过各类职业技术学校和各种不同类型的短期培训，增强农民掌握先进实用技术的能力
2006 年	《关于印发重庆市农村义务教育经费保障机制改革暂行办法的通知》（渝办发〔2006〕28 号）	重庆市人民政府办公厅	全部免除农村义务教育阶段学生杂费，对家庭经济困难学生免费提供教科书并补助寄宿学生生活费；提高农村义务教育阶段学校公用经费保障水平；建立农村义务教育阶段学校校舍维修改造长效机制；巩固和完善农村中小学教师工资保障机制
2007 年	《关于建立健全普通本科高校和高等职业院校家庭经济困难学生资助政策体系的意见》（渝府发〔2007〕107 号）	重庆市人民政府	从国家奖学金、国家励志奖学金、国家助学金三个方面建立健全普通本科高校和高等职业院校家庭经济困难学生资助政策体系，进一步完善和落实国家助学贷款政策和其他资助政策
2008 年	《关于加快实施生态和扶贫移民工作的意见》渝办发〔2008〕65 号	重庆市人民政府办公厅	免费为搬迁群众提供可供选择的建房样板图。为搬迁群众免费提供一项实用技术培训和劳动技能培训，力争每户搬迁群众掌握 1～2 项农业实用技术
2010 年	《重庆市农村扶贫条例》（2010 年第 12 号）	重庆市人民代表大会常务委员会	鼓励和支持企业事业单位、社会团体、个人到贫困地区依法投资兴办工商产业、基础设施和教育、文化、广播、电视、医疗卫生等社会事业，以及从事科技推广、人才引进、人员培训、劳务输出等活动

续表

发布时间	政策文本名称	发文机构	主要内容
2011 年	重庆市农村扶贫开发纲要实施办法（2011－2020年）	重庆市人民政府	认真落实"雨露计划"，提高贫困家庭劳动力就业、创业能力，逐步拓宽工作领域，提高就业脱贫、稳定增收的能力。大力开展贫困劳动力转移培训；重点培训农村种养殖技术；利用重庆市发展微型企业之机，大力开展创业培训，以创业带动就业
2014 年	《关于集中力量开展扶贫攻坚的意见》（渝委发〔2014〕9 号文件）	中共重庆市委重庆市人民政府	着力实施教育扶贫，开发贫困地区人力资源，一是推进教育扶贫工程；二是加大教育资助力度；三是推广职业教育培训；四是强化乡村教师队伍
2015 年	《关于精准扶贫精准脱贫的实施意见》（渝委发〔2015〕19 号文件）	中共重庆市委重庆市人民政府	一是推动教育资源向贫困区县倾斜。实施高寒地区学校"暖冬计划""学前教育三年行动（二期）""普通高中发展促进计划"等教育工程；实施贫困区县农村义务教育阶段学校"特色岗位教师""三区"支教等计划，"免费师范生计划"、农村小学"全科教师"培养计划等实现贫困区县全覆盖。二是完善家庭经济困难学生教育资助政策
2017 年	《关于打赢教育脱贫攻坚战的实施意见》（渝教财发〔2017〕29 号）	重庆市教育委员会等六部门	以教育信息化和教育帮扶为支撑提高贫困区县教育服务水平。以 29.74 万名各学段贫困学生为重点，以 18 个贫困区县为重心，向巫溪、城口、西阳、彭水 4 个发展滞后县倾斜。具体举措包括完善学生资助体系、加强贫困区县乡村教师队伍建设、加大资源倾斜、精准发力关爱特殊群体、开展对口支援、发挥信息化优势等

发布时间	政策文本名称	发文机构	主要内容
2017 年	《关于进一步完善重庆籍建档立卡贫困家庭大学生资助政策实施方案的通知》（渝府办发〔2017〕183 号）	重庆市人民政府办公厅	对所有在市内外普通高校就读的全日制学历 教育重庆籍建档立卡贫困家庭本科、专科大学生补助学费，学费标准在 8000 元以内的全额补助，超过 8000 元的定额补助 8000 元。鼓励贫困家庭大学生通过助学贷款弥补在校学习期间不足学费就读期间财政全额贴息。建档立卡贫困家庭全日制本专科大学生生活费资助标准每生每年不低于 3000 元，通过申请高校国家助学金渠道解决
2017 年	《关于全面认真落实教育脱贫攻坚政策的通知》（渝教工委办〔2017〕25 号）	中共重庆市委教育工作委员会办公室、重庆市教育委员会办公室	大力宣传教育脱贫政策；严格足额落实学生资助资金；认真执行各项学生资助政策；全面落实其他教育脱贫攻坚政策；分类开展帮扶阻断贫困代际传递；主动担当教育脱贫责任；强化考核严肃问责
2018 年	《关于实施教育扶贫攻坚三年行动的意见》	重庆市委教育工委、重庆市教委	以补齐教育短板为突破口，以建档立卡贫困家庭学生资助工作为重点，充分调动各方面积极性、主动性和创造性，构建覆盖学前教育、义务教育、普通高中教育、职业教育、高等教育、教师队伍、办学条件、教育信息化等全方位的教育精准扶贫体系
2019 年	《关于进一步调整完善基础教育学生资助政策健全困难学生资助机制的通知》（渝教发〔2019〕4 号）	重庆市教委、重庆市财政局	一是统筹农村义务教育阶段学生营养改善计划膳食补助资金，学校为义务教育阶段建档立卡贫困家庭非寄宿学生在校上学期间免费提供一顿午餐。二是要求义务教育阶段家庭经济困难寄宿生生活补助政策要优先保障建档立卡贫困家庭学生、最低生活保障家庭学生、特困供养学生、孤残学生、烈士子女、家庭经济困难残疾学生及残疾人子女

发布时间	政策文本名称	发文机构	主要内容
2019 年	《关于对全市高中阶段在校城乡低保对象和城乡特困人员免费提供教科书的通知》（渝教发〔2019〕5 号）	重庆市教委、重庆市民政局、重庆市财政局	从 2019 年春季学期起到 2020 年，对在全市高中阶段城乡低保对象和城乡特困人员免费提供教科书，所需资金由市级财政承担，市级财政按每生每学年平均 400 元的标准对区县给予补助
2019 年	《关于印发重庆市深化职业教育改革实施方案的通知》（渝府发〔2019〕18 号）	重庆市人民政府	培养以新型职业农民为主体的农村实用人才，服务精准脱贫攻坚战和乡村振兴战略行动计划

从重庆市直辖 20 多年来教育扶贫领域政策文本的演进轨迹可以发现，直辖之初重庆市在教育扶贫领域的政策设计侧重从资金支持、教学设施改善等方面展开，而近十年教育扶贫领域的政策文本更侧重贫困地区贫困人口能力素质的培养，这与国家层面教育扶贫政策文本的演进轨迹具有一定的吻合性。尤其是在党的十八大后，脱贫攻坚工作作为各级政府工作的重中之重，重庆市委、市政府、市教委、市财政局等密集出台了一系列涉及教育扶贫工程推进、教育资助力度强化、职业教育培训推广、乡村教师队伍建设的政策文件，地方政府人财物投入教育扶贫领域的力度得到空间增强，范围也基本实现全覆盖。

第四节　重庆教育人力资本脱贫攻坚基本成就

精准扶贫、精准脱贫是新时期脱贫攻坚的基本方略。重庆市坚持把精准方略贯穿脱贫攻坚全过程，围绕"扶持谁""谁来扶""怎么扶""如何退"等问题，实施"六个精准""五个一批"举措，大力提升脱贫攻坚质量和实效。尤其是在"怎么扶"问题上，找准"穷根"，对症下药，集中精力解决"两不愁三保障"突出问题。2019 年数据显示，重庆市的贫困区县还剩下 4 个，贫困村减少至 33 个，贫困人口减少到 13.9 万人，贫困发生率降至 0.7%。[①]。这些成就取得的一个重要原因就在于，教育人力资本扶贫在提高贫困人口科学文化素质和知识技能水平、阻断贫困代际传递方面发挥了巨大作用。总体来看，直辖以来重庆市教育人力资本脱贫攻坚的基本成就主要包括以下几个方面。

一、贫困区县基本普及九年义务教育

重庆九年义务教育普及工作的推进与国家义务教育政策法规逐步完善的过程是高度一致的。1986 年《中华人民共和国义务教育法》颁布实施后，九年义务教育普及工作得到社会各界的广泛重视，政府财政逐年加大了对义务教育的资金投入，各级政府相继出台配套政策，社会力量也被动员起来。截至 1991 年，全国 90% 左右的人口所在地区的小学教育得到普及，小学学龄人口入学率达到 97%，城市及部分农村地区初中教育开始普及。在此基础上国务院于 2001 年出台了《关于基础教育改革和发展的决定》，提出在已实现"两基"（基本普及九年义务教育和基本扫除青壮年文盲）的农村地区进一步抓好义务教育巩固提升工作，在占全国人口 15% 左右、尚未实现"两基"的贫困地区着重打好义务教育普及攻坚战。截至 2002 年底，尽管全国 91.8% 的人口所在地区基本普及了九年义务教育，但西部地区"普九"人口覆盖率仅有 77%，人均受教育年限还未到 7 年，410 个县级行政单位未实现"普九"目标。2003 年，西部地区"两基"普及工作被提上重点议事日程，国务院在该年度召开了全国农村教育工作会议，会议印发的《关于进一步加强农村教育工作的决定》中明确提出力争用 5 年时间完成西部地区"两基"攻坚任务。2004 年，国务院批准的《2003~2007 教育振兴行动计划》中进一步提出实施西部地区"两基"攻坚计划。2006 年，国家层面启动了农村义务教育阶段学校教师特设岗位计

---

① 参见重庆日报网《我市开展"不忘初心、牢记使命"主题教育集体调研纪实》，https://www.cqrb.cn/content/2019-07/17/content_ 201137. htm。

划，充实西部地区农村教师队伍，同年免除西部地区农村义务教育阶段学生学杂费。截至 2007 年，西部地区人口所在地区"普九"覆盖达到了98%，2008 年，国家进一步支持西部地区 42 个边缘贫困县打赢"普九"攻坚战，这些县级行政单位于 2011 年通过"两基"验收（王定华，2013；司树杰等，2016）。中共中央、国务院于 2010 年颁布的《国家中长期教育改革和发展规划纲要（2010-2020 年）》进一步启动实施了农村义务教育薄弱学校改造计划、边远艰苦地区农村教师周转宿舍计划、中小学教师国家培训计划等一系列配套政策规划，包括重庆在内的西部地区的义务教育普及工作取得显著成就。

从直辖以来重庆九年义务教育普及情况来看，直辖之初的五年间，重庆高速度、超常规、全面推进"普九"工作，在九年义务教育普及率大幅提升的同时也产生了一些历史遗留问题，其中最为突出的问题就是区县因财力不济、采用集资或拖欠工程款等方式而造成的巨额债务，债务化解难题严重影响了重庆贫困农村地区的教育健康发展，也成为影响社会稳定的隐患。为此重庆市委市政府在强力推进"普九"攻坚工作的同时下决心解决义务教育债务问题。2003 年开始重庆对全市"普九"债务额度进行核定，所偿还的"普九"债务包括 2002 年核定的 9659 笔"普九"债务和2002 年以后完成"普九"任务的秀山、酉阳、黔江、城口、云阳、巫溪 6个区县的新增债务①，经区县自报后最后核定为 20 亿元。围绕化解 20 亿元债务问题重庆重点构建了三大工作机制。一是建立合理的债务分担机制。针对 18 个国家级和实际扶贫开发重点区县，考虑到其政府财政支出能力较弱，其欠债由市级和区县各承担 50%；针对财政支出能力较强的主城九区，其债务由市级承担 20%，区县承担 80%；针对财政支出能力处于中等水平的区县，其债务由市级承担 40%，区县承担 60%。二是实现欠债偿还销号制度。未敦促区县尽快化解义务教育阶段债务，在资金划拨中实行先区县后市级的流程，区县将本级财政应承担的债务资金返还到债权人账户后，市级财政再将其所担负的比例资金划拨到账，了结债务后再进行销

---

① 参见中国网《重庆率先偿清"普九"欠债 校长不再外出躲债》，http：//edu.china.com.cn/txt/2007-01/19/content_ 7679823. htm。

号，充分调动了区县化解义务教育债务的积极性。三是尽可能拓展区县债务偿还的资金来源渠道。为加快化解义务教育债务，市政府将向中央争取的4亿元"三奖一补"资金全部用于偿还区县"普九"债务，同时原定一比一的补助比例依然执行，此项举措大大增强了区县"普九"化债的信心。经过三年努力，2006年底重庆市核定的20亿元"普九"债务全部偿还，成为在全国第一个偿清"普九"欠债的省市，全面实现了全覆盖、零负债、不留后遗症的"普九"目标（决策导刊编辑部，2008）。

与此同时，重庆市学前教育、高中教育阶段的普及工作也稳步展开，到2013年重庆市基本普及学前教育，全市学前三年教育毛入园率达到75%，一年毛入园率达到95%。全面普及义务教育，"两基"（基本实施九年义务教育和基本扫除青壮年文盲）人口覆盖率达到100%。在西部率先普及高中阶段教育，初中毕业生升入高中阶段学校的比例达到94%；高等教育进入大众化，毛入学率提高到34.1%。同时，重庆市在解决农村代课教师问题、兑现教师绩效工资、创新推出教育投入保障、留守儿童培养照顾、支持民办教育发展等出台系列政策举措。统筹城乡教育综合改革试验取得突破，7个国家级和49个市级教育体制改革项目取得新的进展，城乡、区域、学校之间的差距进一步缩小，全市人均受教育年限从2007年的8.45年上升到2013年的9.2年①。总体来看，重庆市义务教育普及尤其是贫困地区义务教育的普及，在提升贫困人口科学文化素质和知识技能方面发挥了巨大作用，成为贫困地区脱贫致富、阻断贫困家庭代际传递的基础性途径（梁文政，2015）。

二、城乡义务教育均衡发展成效显著

重庆市城乡义务教育均衡发展的推进步伐与国家大力支持西部贫困地区基础教育建设的政策路径是一脉相承的。为助力贫困地区基础教育事业的发展，教育部、财政部分两期（1996～2000年、2001～2005年）实施了

---

① 参见人民网《重庆全面普及义务教育"两基"人口覆盖率达100%》，http：//politics. people. com. cn/n/2013/0909/c70731-22853271. html。

"国家贫困地区义务教育工程"。"十五"期间中央政府进一步加大对基础教育的投入力度，安排 50 亿元财政资金专项补助中西部贫困地区农村中小学教师工资发放，安排 30 亿元财政资金专项补助"中小学危房改造工程"，安排 50 亿元财政资金实施第二期"国家贫困地区义务教育工程"，另外，分别安排 1 亿元财政资金专项补助贫困地区助学金和教科书免费提供。2007 年出台的《中西部农村初中校舍改造工程方案》，明确提出重点支持中西部 7000 所左右农村初中改造或新建校舍、食堂、厕所等必要服务设施，确保项目学校寄宿学生生活设施达到农村普通中小学校建设标准。随后中央政府财政资金投入 100 亿元专项经费用于农村初中改造工程建设，基本覆盖了中西部地区的国家扶贫工作重点县、少数民族自治县、边境县以及革命老区。此外，到 2012 年底，农村义务教育学生营养餐改善计划全面实施，为全国近 700 个国家试点县学生提供营养餐，覆盖 10 万余所学校，惠及学生达到 2200 万名左右。随后，国务院于 2012 年出台了《关于深入推进义务教育均衡发展的意见》，第一次从中央政府层面确定了城乡义务教育均衡发展的指导思想和具体目标，到 2015 年，全国义务教育巩固率达到 93% 以上，实现城乡义务教育基本均衡发展的市县区比例达到 65%以上；到 2020 年，全国义务教育巩固率达到 95% 以上，实现城乡义务教育均衡发展的市县区比例达到 95% 以上。以 2014 年为起点计划 4 年左右时间，确保贫困地区农村义务教育学校的教室、桌椅、运动场所、实验仪器等基本教学设施满足教学需要；学生宿舍、厕所、食堂等基本生活设施能够满足学生生活需要；留守儿童寄宿及学习需要能够基本满足，农村小学和教学点正常运转；基本消除县镇及农村学校超大班额现象，教师师资配置结构合理并能够适应课程改革需要；小学辍学率控制在 0.6% 以下；初中辍学率控制在 1.8% 以下（王定华，2013）。

重庆市在国家层面义务教育均衡发展的政策指导下，全面推进城乡义务教育均衡发展，结合大城市、大农村、大山区、大库区和民族地区为一体的实际，坚持全域统筹、城乡一体，围绕"六个一体化"推动义务教育均衡发展，努力让城乡每一个孩子都能享受公平而有质量的教育。一是坚持决策部署一体化。将推进义务教育均衡发展作为全市实现小康社会的基础性工程，确定 2019 年前全面实现区县域义务教育发展基本均衡的目标任务。制定了推进意见、布局调整、队伍建设、督导办法等一揽子政策措施，形成了"横向到边、纵向到底、内外联动、齐抓共管"的推进格局。将义务教育均衡发展的关键指标作为对区县党政班子教育实绩考核的重要内容，对通过国家督导认定的区县给予 500 万元奖补。二是坚持规划布局一体化。根据学龄人口变化趋势、区域居住人口分布，科学调整中小学布局结构，实现城乡学校规划"一张图"。新建学校主要布局在区县政府所在地、城市新区、大型乡镇等人口聚集区域，办好必要的乡村小规模学校。实施"交钥匙"工程，确保配套学校建设与住宅建设项目同步规划、同步建设、同步交付使用。实施消除大班额专项计划，力争到 2018 年基本消除 66 人以上超大班额，到 2020 年基本消除 56 人以上大班额。三是坚持教育投入一体化。坚持教育优先发展，义务教育经费全面纳入财政预算，重点向农村、边远、贫困和民族地区倾斜。2017 年，全市用于义务教育投入近 450 亿元，连续五年占教育总投入的 50% 左右。上调生均公用经费标准基准定额，100 人以下的教学点或小规模学校按照不低于 100 人标准安排。四是坚持办学条件一体化。从 2014 年开始，重庆市启动了全面改善农村义务教育薄弱学校办学条件等各项工作，实施农村薄弱学校改善工程、寄宿制学校建设工程、特殊教育学校建设工程、功能室建设工程、教育信息化建设工程、食堂改造工程等"六项工程"，截至 2016 年 10 月底，累计投入资金 55.57 亿元，新、改、扩建校舍类项目面积 161.06 万平方米；改造运动场地项目面积 272.96 万平方米；累计投入 16.01 亿元配置教学仪器和生活设施；全市 D 级危房消除率、教室和宿舍内部规范率等多项指标达到 100%，使农村学校的校舍、办学条件得到较大改善①。全市区县域内初中、小学校际差异系数平均值分别由 2012 年的 0.511、0.664 下降到 2018 年的 0.320、0.372，中小学办学条件标准化率达到 86%，农村学校办学条件短板基本补齐。五是坚持师资配置一体化。统一城乡教师编制，将县镇、农村中小学编制标准统一到城市标准，近 3 年为农村学校配备特岗教师 6305 名。建立乡村教师荣誉制度，建成农村教师周转房 1.53 万套，

① 参见凤凰网《重庆市全面推进义务教育均衡发展》，http://cq.ifeng.com/a/20161229/5278327_0.shtml。

落实乡村教师岗位生活补助政策，通过"国培""市培"免费培训农村教师 30 万人次。推进教师交流，校长交流比例达到符合交流推荐人数的 28.6%，城乡教师交流面达到 17.5%，其中骨干教师交流比例达到 22.4%。六是坚持质量评价一体化。制定重庆市义务教育学校教育质量标准，将学业成就水平指数、学习兴趣指数和学业负担指数作为城乡学校教育质量监测评估的重要指标。实施义务教育质量提升计划，通过对口帮扶、领雁工程、委托管理、智力扶持、集团办学等方式，实现城乡学校结对发展"全覆盖"。大力发展素质教育，开展阳光体育活动，推进"2+2"项目实施，评选命名体育、艺术、科技等特色学校 1500 余所①。

三、职业教育助推精准扶贫取得实效

与基础教育、普通教育相比较而言，职业教育的"造血"功能可以直接帮助贫困人口掌握相应的职业技能，对于带动贫困地区劳动力转移就业和脱贫致富有着更为直接的促进作用（吴霓、王学男，2017），这种教育模式在受教育者年龄和对象方面的开放特征与贫困农村地区的脱贫实际也具有内在契合性。重庆市职业教育扶贫工作是在我国农村职业教育全面改革发展的阶段性背景下稳步推进的。1999 年后，我国职业教育发展面临两大现实问题，一个是高校连年扩招导致大批生源流向普通高中，中职院校招生陷入瓶颈；另一个是原有的职业教育培养计划模式未能及时更新，中职学生就业困难，致使职业学校尤其是农村职业学校对农村贫困学生的吸引力日渐减弱。为此国务院于 2003 年在北京召开了全国农村教育工作会议，明确指出要以服务"三农"为导向，以就业为目标，大力发展农村职业教育和成人教育。随后教育部、财政部等部门联合印发了《关于开展东部对西部、城市对农村中等职业学校联合招生、合作办学工作意见》，2014 年教育部进一步出台《关于贯彻落实全国职业教育会议精神进一步扩大中等职业学校招生规模的意见》，这些政策文件为东部支援西部、城市

---

① 参见重庆市人民政府网《重庆市坚持"六个一体化"均衡发展城乡义务教育》，http://jj.cq.gov.cn/zqfz/shfz/jy/content_258815。

支援乡村办好农村职业教育提供了制度遵循。同时，中央财政与地方财政从 2007 年秋季学期起联合设立国家助学金，并将资助对象扩大到中等职业技术学校的全部农村学生。2009 年 12 月国务院常务会议研究决定，从 2009 年度秋季学期开始对公办中职学校全日制在校生中的农村家庭经济困难学生和涉农专业学生逐步免除学费（曹茂甲，2011）。总体来看，随着国家政策支持力度逐年加强、各级地方政府齐抓共管，农村职业教育办学模式逐渐从封闭走向合作，培养方式也从学校本位逐渐转变为校企合作、工学结合，农村职业教育发展迎来新的春天。

重庆市自 1997 年直辖开始正好经历我国农村职业教育全面改革发展的关键时期，借助职业教育帮助农村贫困家庭学生提高技能水平、阻断贫困代际传递成为重庆市职业教育扶贫攻坚工作的主基调。具体来看，全市从完善资助政策、推进协作发展、致力脱贫致富等方面加大职业教育助推精准扶贫力度，收到明显成效。一是完善学生资助体系。对中职学生全免学费；对贫困职业院校学生给予免学费、免住宿费等资助。将建卡贫困户家庭中职学生生活费资助从 2000 元调至 3000 元；市属高职学校从事业经费中提取 4%~6% 专项用于学生资助，确保建卡贫困户家庭子女每月获得资助不低于 600 元[①]。高职教育阶段建档立卡贫困家庭学生的学费、住宿费由生源地信用贷款和生源地补充信用贷款解决。二是按需发展涉农专业。目前职业院校开设涉农专业 60 个，在校生规模超过 4.3 万人。三是实施职业教育协作计划。支持巫山职教中心等 3 所中职学校开展"五年制"高职，支持开县职教中心等 5 所中职学校开展"3+4"招生试点。组织 30 所主城优质职业院校对口帮扶 18 个贫困区县的职业院校，建立 18 个职业教育协作扶贫培训基地，通过职业教育集团化办学、结对帮扶、城市与农村职业学校联合招生等形式，帮助三峡库区和农村地区的职业院校提高人才培养质量。四是大力开展技能培训。2017 年，开展农村劳动力转移培训 16 万人，就业率达 98%。五是精准开展就业帮扶。鼓励和引导各社会单位积极吸纳贫困家庭毕业生就业，对暂时难以实现市场化就业的，优先提供公

---

① 参见中国职业教育与成人教育网《重庆：职业教育助推精准扶贫收到实效》，http://www.cvae.com.cn/zgzcw/cqs/201708/24d665132fb34917a655baa178825e3d.shtml。

益性岗位进行过渡性安置。7.2 万名建卡贫困家庭子女通过接受职业教育，实现"一人就业、全家脱贫"目标，农业、移民等涉农培训资金 60% 以上用于贫困区县劳动力转移就业培训，促进脱贫致富①。在职业教育扶贫实践中，针对贫困家庭子女就学困难问题，重庆市扶贫办创新性地开发了"雨露技工・职教扶贫"项目，项目实施以来累计投入 2 亿多元资金，帮助了 15 万余名贫困家庭顺利入学。该项目招生主要面向贫困家庭的初中毕业生，培养方式则采取五年一贯制模式，前三年按照中职教育进行管理，期满考核合格后纳入高职教育管理范畴。学生完成全部五年学业后，经考核成绩合格即可颁发全日制普通（高职）专科毕业证书。在补助政策方面，中职学生在免除国家学费的基础上每人每年补贴 1500 元生活费，高职学生每人每年补贴学费、生活费共计 6000~7000 元。与此同时，学校还会针对性地为学生提供就业岗位，并对学生进行不低于三年时间地跟踪指导和后期服务以确保其顺利走上工作岗位（职业杂志编辑部，2014）。

四、乡村教师队伍建设得到空前强化

据有关数据披露，我国目前大概有 1500 多万名教师，其中包含 330 多万名乡村教师，他们支撑了世界上最庞大规模的教育体系——2.6 亿学生。对于贫困农村地区而言，乡村教师处在教书育人的最前线，也处在教育扶智又扶志的最前沿，加强贫困地区乡村教师队伍建设成为教育人力资本扶贫的重要构成部分。2018 年《中共中央　国务院关于实施乡村振兴战略的意见》中明确提出，提高农村民生保障水平，优先发展农村教育事业，而优先发展农村教育事业首先要建好建强乡村教师队伍。重庆市乡村教师队伍建设的快速推进离不开国家层次对于乡村教师系列支持政策的出台。从2000 年开始国家启动了贫困、民族地区中小学教师综合素质培训工作。2011 年开始中央财政每年拨付 50 亿元建立农村中小学教师工资保障机制，确保教职工工资足额发放，4 年间累计拨付资金达 200 亿元。从 2004 年开

---

① 参见华龙网《重庆市职业教育助力扶贫攻坚重实效》，http://education.cqnews.net/html/2017-10/13/content_ 43106038. htm。

始，国家进一步启动了"民族、贫困地区中小学教师综合素质训练项目暨新课程师资培训计划（2004~2008）"，同年启动农村学校培养教育硕士师资计划，旨在着力提高贫困地区农村中小学教师的学历背景和专业素养。2013 年教育部进一步实施了"农村校长助力工程"，计划每年组织2000 名农村义务教育阶段学校校长参加国家级培训项目，旨在提升农村中学校长解决办学重难点问题的能力和水平，2014 年进一步开展了中西部农村校长培训项目（司树杰等，2016）。此外，为合理引导高校毕业生及教师群体到贫困农村地区从事教学工作，国家出台了一系列政策支持计划对贫困地区农村教师的福利待遇给予保障。2013 年教育部、财政部联合印发了《关于落实 2013 年"中央一号文件"要求对在连片特困地区工作的乡村教师给予生活补助的通知》，到 2014 年全国 699 个连片特困地区县中已经有 604 个实施了乡村教师生活补助支持政策，政策覆盖率达到了 86%，享受补助学校达到 6.7 万所，惠及乡村教师 94.9 万人，包括重庆在内的中西部 16 个省份实现了连片特困地区县乡村教师支持政策全覆盖[①]。与此同时，农村"特岗教师计划"的实施也极大地优化了贫困地区农村中小学的师资结构，一些省份还引进了一批硕士学位研究生到农村学校任教，这些教师的年龄普遍在 30 周岁以下，大大改善了贫困地区农村中小学教师队伍年龄偏大的状况。

重庆是西部地区发展迅速的直辖市，是大城市带动西部大农村，乡村教育的振兴，在全市教育体系中具有重要意义（王娅萍、周小波，2018）。在国家系列政策文件的指导下，重庆市也出台了一系列政策文件用以支持乡村教师队伍建设，截至 2018 年，重庆市乡村教师队伍建设取得一些新的进展：一是教师结构进一步优化。累计为农村学校配备特岗教师 6305 名。统一城乡教师编制，调整优化岗位结构比例，新增高级岗位 3 万个、中级岗位 6 万个。开展"国培""市培"教师 30 万人次，乡村教师免费培训面达到 100%。二是城乡交流面进一步扩大。深入推进干部教师轮岗交流，校长交流比例达到符合交流推荐人数的 28.6%，教师为 17.5%，其中优质

---

① 参见中国教育新闻网《教育部：2014 年 94.9 万乡村教师享受生活补助》，http://www.jyb.cn/basc/xw/201509/t20150907_636155.html。

师资交流比例达到22.4%。三是教师待遇进一步提高。建立乡村教师荣誉制度，建成农村教师周转房1.53万套，落实乡村教师岗位生活补助政策，累计达13.3亿元以上，基本解决乡村教师"下不去、留不住、教不好"问题①。

一些区县还创造性地设计了一整套政策工具包助力乡村教师队伍深度参与扶贫攻坚和乡村振兴工程，如开州区多措并举努力建设一支适应新时代发展需求的乡村教师队伍，以乡村教育的振兴推动乡村振兴战略的实施。一是抓引进，充实队伍。完善优秀教师引进、招聘工作机制。近三年先后公招新教师1069人到农村学校任教，有效保障教育均衡。将部分紧缺学科教师考核招聘学历要求放宽至大专层次。实施"农村学校艺体教师补充计划"，截至2019年，已专项补充艺体教师151人，有效保障各校开齐开足课程。二是抓交流，促进均衡。划定"职称晋升至少在农村任教1年"等政策红线，并对支教教师给予每年最高3万元生活补贴和交通补贴，激发教师支教热情。近三年，共吸引300余名优秀教师到边远农村学校支教，提拔36名城区学校优秀干部到农村学校任职，通过片区调动、乡镇交流、校际调剂等方式交流干部教师450余人，城乡学校师资配置进一步均衡。三是抓培训，提升素质。健全"国家、市、区、片区、学校"五级培训体系，区级层面每年培训教师约1.5万人次。鼓励教师在职提升学历，对经批准参加学历晋升者最高奖补所需学费的60%。组织教师到北京、上海、浙江等教育强省强市学习研修，并达成支教或合作协议共同培育拔尖教师。四是抓引领，厚养师德。开展"最美教师"评选、教师先进事迹巡回报告、"重庆好教师"演讲等活动，利用区教育城域网、《开州日报》、开州电视台等媒体对优秀教师进行宣传。常态化开展"两学一做"学习教育，组织教师参加"万名教师大家访"和教育精准扶贫、免费为留守儿童辅导功课、上门送教等活动，让教师在参与、体验中增强岗位意识、厚养师者美德。五是抓服务，激发热情。放宽乡村教师职称晋升外语、论文等要求及乡村学校中高级岗位聘用条件，坚持有岗即进；组建教

① 参见华龙网《重庆市乡村教师队伍建设取得三项新进展》，http：//education.cqnews.net/html/2018-01/30/content_ 43749213.htm。

师心理辅导工作室，实施教师免费体检、优秀教师健康疗养、大病教师特殊救助、城乡教师住房保障、农村教师专项津贴五大行动，并为乡村教师发放岗位生活补贴，乡村教师扎根学校、奉献教育的热情更加高涨①。总体来看，乡村教师队伍建设力度的强化有效保障了教育人力资本扶贫的质量，"扶贫又扶智""治贫先治愚"的理念在重庆教育扶贫实践中得到生动体现。

第五节 重庆教育人力资本脱贫攻坚典型案例

本节选取了三个重庆市教育人力资本脱贫攻坚的典型案例，分别涉及重庆市搭建特色资助项目体系守护教育全阶段、云阳县因地因人因材精准施策确保教育扶贫成效、奉节县借力产业技术培训激发群众脱贫内生动力，通过对典型案例的介绍和分析可以更为生动地认知直辖以来重庆市教育人力资本脱贫攻坚领域所取得的重要成就。

一、重庆搭建特色资助项目体系守护教育全阶段②

治贫先治愚，治愚需重教。教育扶贫重在精准。如何实现"精准"二字？重庆市将精准搭建资助体系、改善贫困地区办学条件、大力发展职业教育，视作教育扶贫精准性"立"起来的关键所在。重庆市在执行国家奖助学金、助学贷款、学费减免等多种形式的高校学生资助政策之外，还设计了众多颇具特色的资助项目，让渝都的寒门学子比以往有了更多机会上大学并顺利完成学业。不仅仅是高等教育，在学前教育、基础教育、职业教育等方面，重庆市贫困家庭的孩子也能充分享受到健全完善的资助

---

① 参见重庆市教育委员会公众信息网《开州区加快乡村教师队伍建设助力乡村振兴》，http://hqjt.cqedu.cn/Item/28230.aspx。

② 参见中国财经报网《重庆：教育精准扶贫实现"有学上、上好学"》，http://www.cfen.com.cn/zyxw/bjtj/201612/t20161208_2477468.html。

保障。

（一）精准搭建资助体系，不让一个学生因贫失学

贫困家庭学生顺利完成高等教育，实现一人读书，全家脱贫，是教育人力资本扶贫的最后、最关键的"一公里"。小高同学是就读于重庆市一所大学的一名学生。当初，由于父母长期患病，家庭经济拮据，手捧全国重点大学录取通知书的他，感受到的却是学费、生活费带来的巨大压力。幸而，重庆市不断完善的贫困生资助政策，让小高的人生出现了转机——他不仅获得了学费减免和贷款，每个月还有 600 元的贫困生补助，小高得以和其他同学一样，在象牙塔中轻松地学习生活。

小高的经历是重庆高校学生资助政策取得成效的缩影。目前，重庆市已建立中央—市级—区县（高校）—社会资助为主的完善的家庭经济困难学生资助体系，基本实现让每一位家庭经济困难学生应助尽助，确保不让一个学生因贫困而失学。从具体措施来看，重庆市在执行国家奖助学金、助学贷款、学费减免等多种形式的高校学生资助政策之外，还设计了众多颇具特色的资助项目，让渝都的寒门学子比以往有了更多机会上大学并顺利完成学业。

例如，针对家庭经济困难新生入学路费和短期生活费压力，重庆市开展"你上学我送行"活动，按照入学地不同，资助标准设定为本市 500 元、市外 1000 元；对成功申请助学贷款，但未获得其他资助的家庭特别困难新生，一次性发放助学金 3000 元；为鼓励三峡移民接受高等职业教育，每人每年发放 1000 元的助学金；面向贫困家庭子女，特别设计全科医生、全科教师定向培养计划，除免除学费和住宿费以外，对农村建卡贫困家庭学生，额外提供每年 3000 元的助学金；等等。

事实上，不仅仅是高等教育，在学前教育、基础教育、职业教育等方面，重庆市贫困家庭的孩子也能充分享受到健全完善的资助保障。据了解，学前教育阶段，孤残、贫困幼儿每年可获得 1500 元保教费、660 元生活费资助；基础教育阶段，就读小学、初中的学生可享受学费、教辅费及作业本费全免，家庭经济困难寄宿学生每年可分别获得 1000 元和 1250 元的生活费补助，在集中连片贫困区县及万州开县农村学生中全面实行营养促进计划，对城乡低保家庭高中学生免学费、对家庭经济困难高中学生给予每年 2000 元生活费补助；职业教育阶段，中职实施全免学费，并对家庭经济困难学生给予每年 2000 元生活费和 500 元的住宿费补助。在大渡口区安安幼儿园上学的晓晓，正是学前教育资助政策的受益者。母亲过世，父亲因吸毒而坐牢，幼小的晓晓只能和外婆相依为命。当地的学生资助管理中心得知情况后，为晓晓落实了相关幼儿资助政策，免除晓晓入园的保教费和生活费，让晓晓拥有了更加健康快乐的成长环境。

（二）改善贫困地区办学条件，实现"人人上好学"

义务教育均衡发展的"短板"在农村。改善农村贫困地区办学条件，是教育扶贫实现由"人人有学上"到"人人上好学"的重要跨越。对农村地区薄弱学校的改造，正是解决这一问题的重要突破口。截至目前，重庆市已经制定实施 2010~2013 年、2014~2018 年两轮薄弱学校改造计划。第一轮计划重点通过加大财政投入力度，使薄弱学校尽快达到国家规定的办学条件基本标准和教育质量的基本要求。第二轮计划拟投入资金 88 亿元，提出了添加一批设施设备、减少一批大班额、建好一批生活设施、吃好一顿爱心餐的"四个一"的要求，打出了农村义务教育薄弱学校改造的"组合拳"。

随着资金及时足额到位，计划实施几年来，重庆市薄弱学校开始变得"强"起来——学生有了梦寐以求的篮球场、乒乓球台等锻炼设施；多媒体教学、"校园数字化"让农村孩子开阔了眼界；漂亮的教室，舒适的住宿，让孩子们身心愉悦；食堂改扩建，让全市所有中小学都具备了基本供餐条件；少数规模小、学生少的农村小学，也都采取了家庭托餐等形式解决学生午餐……一批薄弱学校"旧貌换新颜"。

农村薄弱学校改造要雪中送炭，而非锦上添花。在资金使用上，严禁超标建设或配备设备，杜绝"示范校"等政绩工程，既要向薄弱学校倾斜，又要向薄弱环节倾斜。比如，对已经改扩建的学生食堂的后期运营管理，考虑适当安排费用，解决设备增添、用工等急难问题，确保其正常运转，为学生提供更加安全、营养的餐饮服务。

（三）大力发展职业教育，提升贫困区县造血功能

毕业于重庆市巫山县职教中心服装专业，如今在深圳某服装厂上班的王丽，2015 年 4 月，她满心欢喜地来到银行，将 2000 元钱寄给远在农村的父母。从一个没考上高中、在村里抬不起头的农村女孩，到通过职业教育获得一身本领、能为全家生活改善带来一份可靠支撑，王丽完成了人生的"华丽"转身。

在重庆，中职学生中 70% 以上是农村孩子，其中相当一部分来自贫困家庭。职教脱贫是典型的"造血式"扶贫，已经成为重庆市教育精准扶贫的重点之一。重庆市职业教育发展可谓起步早，措施实。早在 2012 年，重庆市就出台涵盖中、高职和公、民办职业教育的生均公用经费拨款（补助）政策，并连续多年提标。2015 年，重庆市实施职业教育人才培养改革试点方案，打通职业教育"断头路"，改变传统观念中的次品教育，职教改革的春风吹暖巴渝大地。

围绕重庆职教发展的一系列重大举措，重庆财政发挥了有力的保障支撑作用。近年来，重庆市将每年年初预算增量优先用于职业教育，市本级年初部门预算职业教育增长保持在 15% 以上，并在充分保障职业教育生均经费和学生资助基础上，科学设置职教投入重大引领专项，改善职业院校办学条件。此外，通过归并整合，设立职教专项资金，一方面用于推进示范引领，配套示范骨干高职和示范中职等国家项目建设资金，实施市级示范高职和示范中职建设；另一方面用于夯实基础能力，支持建设职业教育实训基地。除此之外，还用于加强师资队伍建设，每年安排职业教育师资队伍建设财政资金近 3000 万元。

在完善职教资助体系方面，通过整合社保、移民、农业、扶贫、民政等部门资金，对库区移民、城镇低保人员、农村贫困家庭子女、退役士兵、国办福利机构适龄孤儿这"五类学生"，实施中职学校就读全额资助学费、包干补助生活费和住宿费。2012 年秋天，重庆市在全国率先对全市中职学校学生全面实施免学费政策，同时适当调整生活费资助政策覆盖范围。对全市中职学生给予免学费资助，对家庭经济困难学生给予生活费和住宿费资助。外地来渝就读中职的学生，同等享受免学费、补助住宿费和

生活费政策。在重庆，"崇尚一技之长、不唯学历凭能力""一技在手，吃穿不愁"的职业教育理念正在逐步树立，越来越多的青年学生和贫困家庭的未来之路走得更加宽广。

二、云阳因地因人因材精准施策确保教育扶贫成效[①]

云阳县县委、县政府历年来对教育扶贫工作非常重视。近年来，组建教育扶贫领导小组，成立教育扶贫办，紧盯目标任务，层层压实责任，聚焦特困地区、特困学生和特殊群体"三特"对象，围绕"义务教育有保障"和"发展教育脱贫一批"两大任务，因地因人因材精准施策，确保全县无一名学生因贫因残失学，让每一名学生享受到公平而有质量的教育。总体来看，全县学生资助政策实现了各学段、公民办学校、家庭经济困难学生"三个全覆盖"，建立部门、乡镇、学校三位一体联动机制，实施教育系统和乡镇（街道）"双线负责制"，精准落实各项资助政策。脱贫攻坚以来，发放贫困学生资助资金近 4 亿元，年均资助贫困学生 4 万余人；其中发放义务教育阶段资助资金近 9000 万元，年均资助贫困学生 2.2 万人；对在享受国家资助政策后，仍不能顺利完成学业的特困生实施差异化资助。对不能随班就读的重度残疾儿童这个特殊群体开展送教上门，实施每人每年 1000 元临时救助；发放生源地助学贷款 2.8 亿元，惠及学生 3.8 万人次；全县无一名学生因贫失学。

（一）特困地区特别用力

聚焦薄弱补短板，推动城乡教育均衡发展。脱贫攻坚以来，投入 3.1 亿元，新建（改扩建）校舍 18 万平方米，新建（改扩建）运动场地 12.3 万平方米，新增学位 11937 个；2019 年投入近 700 万元改善 31 所小规模学校和农村寄宿制学校办学条件，未来两年拟投资 1.42 亿元为实施小规模学校条件改善和寄宿制学校提升工程，确保偏远山区孩子就近入学。

---

① 参见重庆市扶贫开发办公室官网《云阳聚焦"三特"对象，教育扶贫成效显著》，http：//fpb. cq. gov. cn/contents/121/109937. html；《云阳县抓实教育精准扶贫有效阻断贫困代际传递》，http：//fpb. cq. gov. cn/contents/121/113285. html。

面向高寒边远贫困山区，实施"暖冬计划"，为海拔 800 米以上的 52 所学校 7000 余名学生的所有教室安装了散热器、碳晶墙暖等取暖设备，为海拔 800 米以上 14 所高寒边远寄宿制学校学生宿舍安装了取暖设备，为全县 80 余所寄宿制学校 4.7 万名寄宿生每人购置一床棕垫。针对贫困山区学生家庭生活营养差的问题，在全面实施农村义务教育营养改善计划的基础上，从 2012 年至今，县政府免费为海拔 1000 米以上的 3000 余名学生每天每人增加 1 盒牛奶，确保贫困山区每一名学生营养充足、健康成长。

针对贫困地区办学良莠不齐的问题，实施城乡教育一体化发展战略，努力补齐乡村教育在管理、师资、质量等方面的短板。一是在贫困地区的中小学（含村小、教学点）和城区学校同步建设远程互动课堂。目前，建成初三中、青龙小学、泥溪小学、协合村校等 9 个"远程互动课堂"录播教室，全面开展语文、数学、英语、音乐、美术、班队活动、教研等远程互动课题，实现城区优质资源与深度贫困地区学校共享。二是组建贫困山区学校与县域内名校结对发展的教育联盟。组织农坝小学等 56 所学校，建立质量提升、特色发展、家校共育等 11 个教育联盟，通过实施捆绑考核，城乡学校结对开展课程改革、教师培训、特色建设等深度合作，进一步推动了贫困山区学校管理水平、师资素养、教育质量全面提升。

（二）特困学生特别用心

一是贫困学生资助全覆盖。建立乡镇街道、扶贫办、民政局、残联、教委五部门联合认定贫困学生机制，创新实施学生申请—学校初审与公示—部门联合识别与认定—学校资助—乡镇核对查漏—学校补资助的"精准资助六步工作法"，健全学前教育到大学阶段贫困学生资助体系，确保全县 3.7 万名贫困学生资助全覆盖。二是特困学生实行"差异化"资助。率先在全市开展差异化资助试点，对享受国家普惠资助政策后仍不能顺利完成学业的特困生进行差异化资助，资助特困学生近 3000 名。三是开展"贫困学生帮扶月"活动。成立贫困学生帮扶中心，从 2015 年起将每年 8 月定为"贫困学生帮扶月"，整合部门及社会团体资金近 2670 万元，资助贫困大学生新生 6325 人。四是开展"贫困学生家访日"活动。云阳教育系统将每月第一个周末定为"贫困学生家访日"，教育系统 6748 名干部教师结对帮扶有学生的贫困家庭 9206 户，通过"贫困学生家访日"活动，对贫困户子女开展扶志、扶智教育，同时采取"广宣传、勤走访、赠物资、帮就业、助销农产品"等措施，帮助贫困户脱贫增收。五是加强励志教育，全国首创"感悟行三元育人模式"的道德感悟教育，激励贫困学生自强不息，通过努力改变家庭命运。

（三）特殊群体特别用情

针对全县 1737 名特殊适龄儿童，云阳成立特殊教育指导和资源中心，采取特教学校入学、随班就读和送教上门相结合方式，多措并举，确保师资、教学、管理、保障"四落实"，对不能随班就读的 272 名残疾学生实行每周 1 次送教上门，每学年保证 100 个课时，落实"一人一案"，对特殊儿童及其家长进行康复训练指导，重点开展"一对一"生活自理教育、社会适应能力教育和提高未来生活质量必备的学科基础知识教育，同时对送教上门的残疾儿童给予定额临时救助 1000 元，确保每一名适龄残疾学生公平接受教育。

2015 年以来，云阳县有 25 名学生被北京大学、清华大学录取，其中建卡学生 2 人，本科录取 1.95 万人，其中建卡学生 3579 人；1688 名建卡贫困家庭学生通过中职教育直接就业或升入高职院校。近三年，学生举重、摔跤、跳绳等获得国际大奖 17 人次，全国大奖 190 人次，市级奖 366 人次，共有 2000 余名学生考入了清华大学美术系、中央戏剧学院等院校。贫困学子成才途径多元化，大力提振广大学子成才信心。

三、奉节借力产业技术培训激发群众脱贫内生动力[①]

奉节县着眼全国网络扶贫先行先试，围绕实施"互联网+扶贫"战略举办网络扶贫创业培训，2017 年已开展淘宝大学奉节网络扶贫创业培训等专题培训 60 期，培训互联网人才 3000 人次，孵化网商 1600 余名，在线销

---

① 参见重庆市扶贫开发办公室官网《奉节县加大产业技术培训激发贫困群众内生动力》，http://fpb.cq.gov.cn/contents/121/100354.html；《奉节县举办网络扶贫创业培训激活脱贫动力》，http://fpb.cq.gov.cn/contents/121/101407.html。

售脐橙等农产品 100 万吨，充分发挥了网络扶贫的驱动作用，切实增强了农村群众脱贫致富的内生动力。

（一）整合资源全面培训

奉节县根据全县产业布局，以重庆市农科院、西南大学等科研机构和高等院校为依托，诚聘 31 名种植、养殖专家"入库"奉节，在奉节设立脐橙、油橄榄、中药材等产业研究中心 6 个，建立畜禽养殖、蔬菜、烟叶、蚕桑、茶叶等产业农技专家工作室 12 个，深化"农业科技专家大院""农民田间学校"建设，辐射 30% 以上的贫困人口，为 3.7 万余户贫困户发展产业提供有力的技术支撑。

（二）问需于民找准路子

为了解贫困户技能培训需求，并与产业发展政策、就业市场形势等有效对接，奉节县扶贫办对全县贫困群众劳动力技能掌握情况、技能学习意愿、文化状况等基本情况进行全面摸底，制定科学可行《脐橙生产管理技术规程》《山羊饲养管理技术操作规程》等产业技术标准 8 部，探索利用"奉节扶贫"等微信公众号，定期推送技术知识，20 余项实用技术实现"掌上学"，为贫困户提供"对路子、合胃口"的技术。重点引导、资助2000 余名建档立卡贫困户家庭的学生进入职业技术教育院校，学得一技之长，阻隔贫困代际传承。

（三）精准项目加大带动力度

按照技能培训与产业、就业和增收结合的要求，打捆创业、移民、扶贫等培训资源，培训县乡畜牧兽医人员、龙头企业、养殖场业主和养羊户、村干部、村级防疫员 1600 名，手把手地送到贫困户家门口，送到田间地头；认真落实科技特派员制度，配备乡村兼职技术员 1300 名，以需定培生态特色养殖、种植、乡村旅游、电子商务等实用技术 3000 人次，培育在当地有影响力的"田秀才""土专家"700 名；探索"龙头企业+技术培训""能人+技术分享"等模式，强化龙头企业和技术能人的带动示范作用。

（四）全方位推进电商扶贫培训

一是加大宣传力度。利用广播、电视、网站等本地媒体发布互联网培训召集令，运用群众院坝会宣传网络扶贫政策，提高了村民对网络扶贫的知晓率，让更多有创业梦想的群众积极参加培训。二是丰富培训内容。县扶贫办联合淘宝大学共同举办网络扶贫创业培训，邀请具有多年电商团队运营推广与管理实战经验的金牌认证讲师 90 名，讲授内容涵盖营销策略、创业路径、网络应用等课程。三是注重实际应用。课程设置涵盖运营、视觉、客服三大板块，从注册开店、发布商品信息、网商经验交流、店铺页面制作、广告促销等涉及淘宝店铺运营知识。草堂镇竹坪村村民蔡茂林通过参加培训变身网络达人，注册了重庆市才巨电子商务有限公司，旗下有"乡间本味"农产品电商品牌、"乡间本味"微信公众号和淘宝店铺。四是促进产业融合。依托网络扶贫创业培训，实施"互联网+乡村旅游"，全县建成 10 个网上村庄服务站，引导 100 余家农家乐触网上线，带动 1 万余贫困户销售农特产品。实施"互联网+农产品销售"，通过淘宝聚划算、众筹等营销活动，帮助贫困村销售农产品，推进形成一村一品，"橙都一号"网店两天销售一个贫困村脐橙 24 万斤，乡坛子天猫旗舰店带动 3 个贫困村300 余户贫困户种植香菇。

第五章
后脱贫时代的战略

第一节 后脱贫时代的重庆扶贫工作指导思想

高举中国特色社会主义伟大旗帜，以邓小平理论和"三个代表"重要思想为指导，深入贯彻落实科学发展观和"314"总体部署，实施"一统三化两转变"战略，以武陵山、秦巴山两个国家级连片特困地区为主战场，坚持发展经济推动脱贫致富、区域发展带动扶贫开发、社会保障稳定解决温饱、创新机制提高扶贫成效的思路，更加注重扶贫开发方式转变，更加注重增强扶贫对象自我发展能力，更加注重基本公共服务均等化，更加注重解决制约发展的突出问题，更加注重改革创新增添扶贫开发动力，努力缩小发展差距，促进贫困地区经济社会持续快速健康发展，贫困地区群众与全市人民共奔全面小康。

后脱贫时代，重庆市扶贫开发的基本原则是：①发展为要，民生为本。坚持开发式扶贫方针，把加快发展作为促进减贫的根本举措，坚定不移抓发展、全力以赴抓发展、坚持不懈抓发展，从根本上改变落后面貌、实现脱贫致富。切实解决关系老百姓切身利益的突出问题，实行扶贫开发和农村最低生活保障制度有效衔接，坚持把社会保障作为解决温饱问题的基本手段，从制度上保障贫困人口生存和发展基本权利。②突出重点，合力攻坚。紧紧抓住重点区域和重点人群，把武陵山、秦巴山连片特困地区作为扶贫攻坚主战场，把具备劳动能力的贫困人口作为扶贫开发主要对象，加强部门协作，整合多方资源，在政策制定、规划编制、项目布局、资金分配等方面对其给予重点倾斜。③分类指导，统筹协调。立足区县发展实际，突出优势和特点，因地制宜制定扶贫政策，各有侧重实施差异化扶持，确保扶贫措施到村到户到人。立足全市发展格局，更加注重转变经济发展方式，将扶贫开发与工业化、城镇化和农业现代化相结合，与农民增收、农村发展相结合，与生态建设、环境保护相结合，长短兼顾、点面结合，统筹推进贫困地区科学发展。④开放引领，创新突破。借力内陆开放高地建设，扩大贫困地区对内对外开放，促进区内优势互补与协作发展。以改革创新为动力，解放思想，转变观念，创新扶贫工作机制，深化重点领域和关键环节改革，努力探索扶贫开发新途径。⑤政府主导，社会扶助。把扶贫开发纳入经济社会发展战略和总体规划，充分发挥政府投入在扶贫开发中的主体和主导作用，确保扶贫开发资金稳定增长。广泛动员社会力量参与扶贫开发，进一步拓展社会扶贫领域和渠道。⑥自力更生，艰苦奋斗。尊重贫困地区群众主体地位，充分调动和发挥贫困地区和贫困对象的主动性和创造性，进一步焕发贫困地区群众自强不息、艰苦奋斗精神，积极推行参与式扶贫，着力提高贫困地区和扶贫对象自我发展能力，立足自身实现脱贫致富。

第二节 后脱贫时代重庆市贫困地区基础设施建设战略

按照民生优先、城乡统筹、扩面提速、增强保障原则，统筹推进区域交通、水利、能源、通信等基础设施建设，构建连通内外、功能配套、安全高效、适度超前的现代化基础设施体系，为扶贫开发攻坚、区域跨越发展提供有力支撑。

一、交通基础设施建设

以骨干交通建设为重点，全面打通出境通道，完善区域内交通网络，破除交通对贫困地区经济社会发展的瓶颈制约。具体来说，①铁路。加快推进渝利、渝怀二线、黔张常、郑万、安张、渝西等干线铁路建设，打通秦巴山、武陵山两大片区北上东进南下通道。加快实施渝万城际、渝黔城际等铁路，构筑起连通圈翼的快速通道。到2015年，铁路覆盖60%以上贫困区县，大幅改善连片贫困地区对外交通瓶颈问题；到2020年及"十四五时期"，铁路覆盖80%以上贫困区县，基本形成内外畅达的铁路网络。②公路。构建以高速公路为骨架、国省干线公路和农村公路为主体的公路交通体系。重点加快沿江高速、渝湘高速等纵贯南北、连通东西的高速公路建设，打通贫困地区北上南下东进通道。到2015年，基本实现高速公路贯通全境；到2020年及"十四五时期"，全面实现高速公路覆盖，初步形成"圈翼通畅、功能完善"的公路网络体系。③港口。以主城、万州、涪陵三大枢纽港为核心，加快推进奉节、忠县、丰都、石柱、武隆等港区建设，不断完善长江上游最大物流港口体系。加快推进乌江银盘和白马航电枢纽、三峡库区小江和梅溪河等航道整治重点工程，着力提升乌江和三峡库区支流航道的通行能力。④机场。依托江北枢纽机场，提升万州、黔江机场设施水平，加快建设巫山机场，形成"一大三小"机场格局。优化航线网络结构。加快发展通用航空，启动实施一批区县通用航空机场。⑤完善区域内交通网络。重点推进交通主干道联络线、通县公路、县际断头路建设，改造升级普通国省道干线公路，全面实施撤乡并镇公路改造、行政村通畅公路建设，扩大路网覆盖面，提高公路技术等级，完善路网结构，实现区域内所有区县（自治县）通高等级公路，所有乡镇和有条件行政村通沥青（水泥）路。

二、农田水利和饮水安全

解决工程性缺水和提高水资源利用效率并重，加强抗旱水源建设，提高城镇防洪能力，强化水资源管理体制改革，统筹解决贫困地区城乡生活用水、生产用水和生态用水。具体来说，①加快骨干水源工程建设。以人口集聚区、产业聚集带以及易旱地区为重点，适度超前规划建设一批水资源保障工程。建成南川金佛山、万州大滩口、丰都梨子坪等20余座大中型水库，建设武隆核桃、城口三合等一批小型水库及连通工程，抓紧开展城口龙峡、黔江老窖溪等一批重点水源工程前期工作。充分发挥大江大河和现有水电枢纽调蓄作用，到 2015 年，新增蓄引提水能力 10 亿立方米；到 2020 年及"十四五时期"，新增蓄引提水能力 20 亿立方米。②加快城乡供水设施建设。依托骨干水源工程，完善城乡供水设施，建设一批覆盖城乡、规模适度自来水厂，新建和改造城市供水管网 2175 公里。实施城市向农村管网延伸工程，城镇自来水普及率达到 99%，农村集中供水普及率大幅提升。加强水质监测，加快老旧水厂和管网改造，提升城市末梢饮用水水质，按规定配备乡镇供水水厂水质净化、消毒设施。城市集中饮用水水源地水质达标率 100%，农村饮用水水质大幅提升，出厂水检验项目合格率 98%。加强饮用水水源地保护，严格取水管理。③加快堤防整治工程建设。加快实施江河治理，推进长江、乌江等大江大河河道治理和堤防建设，对流域面积在 200 平方公里以上中小河流重要河段进行治理，新建堤防 800 公里，确保县级以上城市和重点集镇防洪能力基本达标。在有条件地区实施江河水和水库水互为备用工程，建立和完善水资源调配体系和水污染事件快速反应机制。④加强农田水利设施建设。结合粮油、蔬菜、柑橘等优势特色农产品基地，推进大中型灌区续建配套与节水改造和小型农田水利建设，大力发展高效节水灌溉，扶持修建小微型水利设施，抓好病险水库（闸）除险加固工程和灌溉排水泵站更新改造。到 2015 年，新增有效灌溉面积 80 万亩，新增节水灌溉面积 30 万亩；到 2020 年及"十四五时期"，新增有效灌溉面积 160 万亩，新增节水灌溉面积 60 万亩。

三、能源及电力保障

调整优化能源生产和消费结构，加强可再生能源开发利用，因地制宜发展水能、风能、太阳能、生物质能等清洁能源，实施区域能源合作开发，充分发挥能源对贫困地区产业发展的支撑作用和改善群众生产生活条件的基础保障作用。具体来说，①加快电源建设。优化发展火电，加快石柱电厂、奉节电厂等环保型骨干项目建设；建设武隆银盘、白马枢纽、浩口水电站等大中型水电站；积极推进石柱、奉节、丰都、万州、巫溪、巫山、云阳、西阳等地风电项目和彭水、西阳、秀山、丰都等地生物质发电项目，有序实施万州、涪陵、黔江等工业园区热电联产项目。推进万州神华神东发电项目前期工作，研究论证南川火电等电源项目布局，积极开展核电项目前期工作，争取涪陵核电项目纳入国家规划并开工建设，加快推进丰都核电项目前期工作。加强农村能源建设，推进西阳、云阳国家绿色能源示范县以及西阳等新农村电气化县建设。②推进电网建设。加强城乡一体化电网建设，提高电网输送能力和供电质量。建设涪陵、忠县两座500千伏变电站，加大以区县城市电网改造为重点的配电网建设力度，完善220千伏、110千伏电网结构，建成万州、涪陵、黔江、西阳、秀山等220千伏变电站13座、110千伏变电站38座。加快农村电网升级改造，推进电网智能化建设。③提高天然气、成品油保障能力。充分利用区域内外天然气资源，加强老区气田深化勘探，推进川渝气田输气管线建设，完善城镇主干管网和配套设施，支持建设渝东南天然气管网，解决渝东南地区天然气供应，实现18个区县（自治县）天然气全覆盖，满足居民生活及重点产业发展用气需求。加强CNG加气站建设，积极推进LNG的利用。加强成品油储运设施建设，提高成品油市场保障能力，并以页岩气、页岩油等勘探开发为重点，率先启动实施页岩气产业化开发。④保障煤炭供需平衡。加强煤炭资源勘探力度，挖掘煤炭生产潜力，稳定煤炭生产。继续淘汰落后产能，加大煤矿企业整合力度，积极引进国有重点煤炭企业加大安全改造和技改扩能，促进煤炭资源规模化、集约化开采，提高煤炭生产管理水平和安全保障能力。

四、通信和信息基础设施

统筹城乡信息基础设施建设，加快信息传输网络向农村延伸，优先实施重点县村村通有线电视、电话、互联网工程。推进城市光纤接入，推动光纤到社区、达乡镇、通行政村，加快新一代移动通信网、宽带通信网建设。升级改造广电网络，推进电信网、广电网、互联网三网融合。加快推进物联网应用。加快实现无线通信信号全覆盖，消除自然村、交通沿线和旅游景区通信盲区，实现通信普遍服务。加快农村邮政网络建设。大力发展和提升电子政务、电子商务、地理信息、远程教育、远程医疗等服务能力，提升信息化服务水平。

第三节　后脱贫时代重庆贫困地区产业基础构建战略

立足区域资源禀赋、区位特点和产业基础，加快产业结构调整，发展壮大特色优势产业，增强自我发展能力，为区域经济持续发展和贫困人口脱贫致富奠定了坚实基础。

一、建设工业园区　强化工业骨干支撑

实施工业园区带动工程，立足资源优势，因地制宜、错位布局区县工业园区，明晰园区产业定位，加快配套设施和服务平台建设，引导工业项目向园区集中，推动形成一批具规模、有特色、联动互补的产业园区，培育构建布局合理、特色鲜明、优势互补的特色工业体系。

着力打造千亿级园区。加快万州国家经济技术开发区建设，延伸做大以盐气化工为重点的精细化工产业链，积极发展先进装备制造业、IT 配套产业以及纺织、服装等劳动密集型产业。

支持涪陵工业园区扩展升级为国家级开发区，促进医药食品、电子信息、石油化纤和装备制造等产业集聚。到 2015 年，万州、涪陵双双跻身千亿园区，共同构成"江南万亿工业走廊"核心区和西部盐气石油化工产业高地，支撑带动渝东北贫困地区工业发展。支持黔江正阳特色工业园区拓展，加快发展 PVC、机械、农特产品加工、纺织服装等特色资源加工业，成为渝东南特色工业走廊的核心支撑。

加快建设区县特色工业园区。重点推进 16 个东部沿海产业转移承接基地建设，全面提高园区土地集约利用水平，支持园区加快"七通一平"基础设施和标准厂房建设，完善污水集中处理设施，加强职业培训、物流配

送、研发设计等公共服务平台建设。

依托园区大力发展特色资源加工业。结合促进农户增收致富，因地制宜发展优质柑橘、粮油、蔬菜、竹木、茶叶、蚕茧、烟叶、牛羊肉等绿色食品加工业，将渝东北片区打造成为全国柑橘加工基地和全市优质畜牧加工生产基地，将渝东南片区打造成为全国重要的有机食品基地和优质烤烟基地，将潼南建设成为全市重要蔬菜加工基地。择优发展矿产资源精深加工，鼓励和引导优势企业在贫困地区资源富集地建设深加工产业基地，支持渝东北区县利用盐气资源发展精细化工，支持渝东南区县利用硅锰等矿产资源发展镁锰硅产业链。积极发展先进装备制造业，依托万州、涪陵、忠县、丰都、云阳、南川等地的装备制造基础和人才、技术优势，支持发展特种船舶、工程机械、智能电网、水轮机、汽摩发动机、智能精密仪表等产业链。改造提升纺织服装等劳动密集型产业，重点建设万州西部纺织城、丰都差别化纤维基地，加快涪陵、开县等棉纺产业和黔江茧丝绸产业发展。积极发展生物制药产业，依托贫困山区党参、红豆杉、金银花、青蒿、黄连等中药材资源，发展中药饮片和医药中间体提取生产线，大力推进医药保健品综合开发。

二、发展效益农业　强化农业基础支撑

科学确定优势特色品种，优化农业生产布局，建立有区域特色的农产品生产加工体系，提高农业规模化和产业化经营水平，增强农村经济实力。

建设特色农产品基地。根据全市农业功能区划，重点发展粮油、柑橘、蔬菜、畜牧四个优势产业和渔业、林业、茶叶、特果、蚕桑、中药材、烟叶等特色产业，建设特色鲜明、优势互补的农业功能区。大力实施品牌战略，鼓励有条件的特色农产品注册商标和原产地标识，着力将重庆柑橘、重庆牛羊、重庆蜂蜜、涪陵（丰都）榨菜、派森百果汁、石柱长毛兔、万县老土鸡、秀山土鸡、城口山地鸡、三峡有机鱼、"石柱红"辣椒、"潼南绿"蔬菜、酉阳青花椒、秀山金银花、黔江茧丝绸等打造成国内外知名品牌。引导优势农产品向优势区域集聚，加快建成一批优势特色农产

品基地，积极推进潼南、丰都、忠县等一批国家及市级现代农业示范区、现代畜牧业示范区、现代农业科技示范园区建设。

积极发展农民专业合作组织。培育壮大各种类型农民专业合作社、行业协会，加快发展农村新型股份合作社，构建农民专业合作社示范体系。加强政策扶持和工作指导，实行项目引导、市场化运作、规范化管理，鼓励农民自愿组成以农民专业合作社为主的各种专业合作组织、以"三权"或资产抵押融资，支持建立契约组织、中介组织、市场组织。鼓励农民专业合作社开展资金互助合作，与现代商业组织直接对接。到"十四五"时期，培育市级以上农民专业合作社示范社300个以上，建设合作经济产业园100个，农民专业合作社稳定在6000个以上，农民组织化程度提高到50%以上，辐射带动农户200万户以上。

加快农村市场培育和农业科技创新。推进农畜产品远期交易，加快农产品交易市场、农产品冷链仓储物流和农产品社区店建设，开展多种形式的"农超对接"，鼓励农民专业合作社在城市社区设立直销店、连锁店。继续推进"万村千乡市场工程"建设，加快"农商通"布设和推广。建立健全农村消费品流通、农业生产资料流通、农产品流通、再生资源回收、农民生活服务以及农村商务信息服务六大网络体系建设。实施农业科技创新工程，开展动植物良种创新、小型农机装备、农业农村信息化、农产品优质高效安全生产、食品安全等重大关键技术领域攻关，在农产品优势区域建设农业科技成果中试基地和成果转化中心。加强县、乡两级农技推广服务体系建设，推行农业科技推广人员资格准入制度。加快农业科技成果向现实生产力转化。

三、发展特色旅游业　强化旅游业增收带动

实施旅游精品发展战略，突出巫巴文化、民族风情、山水景观、红色旅游特色，建成特色鲜明、产品多元、服务优良的国际知名旅游目的地。

打造长江三峡国际黄金旅游带。挖掘巫文化、民俗文化、诗城文化、忠义文化等内涵，整合资源、深度开发长江三峡旅游，实现由观光旅游向生态休闲旅游、游船度假旅游、文化旅游的转型升级。积极开发建设涪陵

白鹤梁、丰都名山、忠县石宝寨、云阳张飞庙、奉节白帝城、巫山小三峡和神女溪七大长江沿线旅游景区和万州大瀑布群、奉节天坑地缝、巫溪红池坝和宁厂古镇四大长江沿线延伸景区。整体开发以小三峡和小小三峡为代表的峡谷景观、以白帝城和宁厂古镇为代表的人文景观、以天坑地缝等为代表的地质景观，着力打造奉节—巫山—巫溪"金三角"特色旅游区。

打造武陵山民俗生态旅游带。依托渝东南水陆空立体交通网络，形成"一网多点"的渝东南民俗观光旅游体系，建成以神奇山水观光和民族风情体验旅游为重点的国内知名的生态与民族风情体验旅游目的地。依托武隆喀斯特世界自然遗产，加快建设以南方喀斯特地质奇观和连片南国高山草场、高山湖泊为特色的南方喀斯特世界自然遗产地生态旅游区。依托黔江小南海组团，加快开发以地震遗迹奇观、武陵山乡、湖光山色、民族风情为特色的小南海武陵山乡旅游区。依托乌江画廊主轴及其支流，加快打造以峡江风貌、古镇山寨、梯级水电、民族民俗风情为特色的乌江风情画廊旅游区。依托石柱黄水国家森林公园、酉阳桃花源 5A 级景区，开发以原始森林、秀美草场、民俗生态为特色的森林生态旅游区。实施少数民族特色村寨保护与发展工程，依托西沱、濯水、龚滩、龙潭、洪安、郁山等特色浓郁的风情古镇发展民族特色名镇村寨环线旅游。

发展避暑休闲旅游基地。依托区位特点和资源优势，围绕重点旅游精品景区打造，加快发展休闲度假旅游、红色旅游、乡村体验和避暑纳凉旅游，建设服务主城、覆盖周边的休闲旅游基地和高山乡村避暑旅游区。加快碧潭幽谷、牵牛坪、药池坝等核心景区建设，加快自然观光、休闲度假、健康养生、商务会议等功能融合，全面提升南川金佛山品牌形象。依托开县汉丰湖、雪宝山国家森林公园、巫溪红池坝国家森林公园、城口大巴山自然保护区大力发展生态旅游，依托开县刘伯承故居和纪念馆、城口苏维埃革命老区等与陕西联动发展红色旅游，加强万州—开县—城口旅游线路与旅游"金三角"的联系，形成万州—开县—城口旅游"金三角"的旅游环线。立足潼南青少年爱国主义教育基地、全国历史文化名镇和绿色生态自然环境三大优势，重点发展"红色潼南教育游、绿色生态乡村游、金色历史名胜游"三大系列，打造成渝经济区的休闲度假胜地。依托赵世炎烈士故居、南腰界省级苏维埃政权革命根据地与贵州、湖南联动发展红色旅游。发挥贫困地区高山资源，加快建设武隆、酉阳、彭水、奉节、巫溪、城口、云阳、南川等乡村旅游基地县，形成武陵山、秦巴山两大避暑休闲乡村旅游片区。

四、发展商贸流通业　强化服务业就业带动

构建错位发展、相互开放融合、城乡统筹的商贸流通体系，活跃地区市场，服务产业发展，扩大城乡消费，使服务业成为贫困地区群众就业的重要渠道。

构建物流平台。建设万州、涪陵两大市级物流枢纽和黔江—秀山（酉阳）、南川、忠县—石柱和奉节四个地区级物流枢纽，积极完善区县城配送网络，发展乡镇连锁经营，推进村级综合服务网点建设。结合全市"龙头物流企业扶持工程""中小物流企业培育工程"和"百强物流企业引进工程"实施，培育壮大一批区县骨干物流企业。加快构建物流公共信息服务平台，支持物流企业信息系统建设和与生产企业联动，加快区域信息资源共享。

打造专业市场。积极推进农产品、消费品、特色工业品、生产资料等区域特色专业市场建设，大力培育万州董家市场物流园、黔江专业市场集群、涪陵专业市场集群、南川商贸物流园区、潼南蔬菜批发交易市场、秦巴山货交易市场、云阳县综合交易市场、秀山（武陵）现代物流园区等特色专业市场集群，其他区县城和中心镇、边贸镇重点建设一批批零兼营的特色农产品市场。

培育区域商圈。积极引进大型综合商场、品牌连锁超市和专卖店等商贸业态，完善餐饮设施，改造提升一批美食特色街，充分挖掘具有地方文化特色的饮食文化内涵，发展新型消费业态。大力培育信息服务、美容保健、商务休闲、家政服务、托幼托老等新的消费热点。着力打造万州、涪陵、黔江和开县四个百亿级商圈，增强区域核心商圈的影响力和辐射力。

第四节 后脱贫时代重庆贫困地区基本公共服务均等化战略

加快建设完善覆盖城乡的基本公共服务体系，大力推动教育、医疗卫生、文化体育等基本公共服务向贫困地区延伸、向贫困人口覆盖，保障贫困地区贫困人口享有基本公共服务权利，实现学有所教、病有所医、民有所乐。

一、保障教育机会均等

巩固提高基础教育。加快普及普惠性学前教育，鼓励街道、企事业单位及团体等社会力量办园，中心幼儿园实现学前三年教育乡镇全覆盖。加快农村中小学标准化建设，实施"校安"工程，对中小学校舍当年新增危房做到当年排除，未达到抗震设防标准的校舍得到全面加固。实施农村义务教育薄弱学校改造计划，大力建设农村寄宿制学校，推进边远地区适度集中办学。实施农村中小学生营养改善计划，扎实推进"营养午餐""蛋奶工程"。加强农村义务教育阶段师资力量配套和提升，推进农村中小学现代远程教育设施建设。

全面普及高中阶段教育。加快农村薄弱高中学校建设，逐步实现办学条件标准化。深化普通高中教育改革，探索发展普职融合的综合性高中学校，促进高中阶段教育多元化发展。

大力推行职业教育。加强优质特色职业学校建设，在万州区、黔江区、涪陵区等区域中心城市建设区域性、开放式、资源共享型职业教育实训基地。推进三峡库区职业教育移民技能培训基地建设，稳步推进渝东南地区具有民族特色的职业技术学院、旅游学院建设。搭建校企合作平台，依托行业、产业园区推进职业教育集团化办学。加强示范专业和精品课程建设，积极培育优势、特色专业。推进"双师型"教师队伍建设，提高职业教育教师专业知识及技能水平。

健全教育资助制度。认真落实农村义务教育免费政策和贫困家庭学生的资助政策，健全普通高中和高校家庭经济困难学生资助政策。完善"雨露计划"，推行中等职业教育免费政策。鼓励大中城市以及市、县寄宿制高中接受贫困偏远地区学生转移就学。支持中心城市大专院校和职业学校定向招收贫困偏远地区学生，适度增加少数民族预科招生院校和专业。建立健全大学生农村基层就业、入伍学费补偿和助学贷款代偿机制。关心特殊教育，加大对各级各类残疾学生扶助力度。

二、实现基本医疗服务均衡

建立全覆盖的基层医疗服务网络。按照"大病不出县、小病不出社区"的要求，加强以区县医院为龙头、乡镇卫生院和村卫生室为基础的农村三级医疗卫生服务体系建设，健全城市社区卫生服务体系。支持扶贫开发工作重点区县开展等级医院建设，鼓励每个扶贫开发工作重点区县至少建成一所二甲以上综合医院，每个扶贫开发工作重点区至少建成一所三甲综合医院。开展乡镇卫生院达标建设，实现所有机构业务用房、主要基本医疗设备配备达到国家标准。加快推进村卫生室建设，全面实现"一村一室"，基本形成农村基层医疗卫生服务机构40分钟服务圈。建设和完善方便快捷的应急救治、转诊网络和远程医疗卫生系统。继续实施万名医生支援农村卫生工程，帮助县医院、乡镇卫生院提高技术水平和服务能力。

改善公共卫生和人口服务管理。健全公共卫生防控体系，提高重大疾病和传染性疾病防控和应急处置能力，有效控制重大传染病、地方病、职业病和人畜共患疾病。完善药品安全监管体制机制，加大对农村药品安全和高风险品种等薄弱环节和重点领域的监管力度。推进计划生育服务网络建设，完善计划生育家庭奖励扶助制度体系，稳定适度低生育水平。加快推进区县（自治县）妇幼保健机构建设，建立健全妇幼保健网络，增强孕产妇和儿童健康服务能力。

三、扩大文化体育服务供给

实施文化惠民工程。加快贫困区县文化馆、图书馆、博物馆、影剧院达标建设，实现每个区县都有影剧院、特色文化街区和文化广场。深入实施农村广播"社社响"、电视"户户通"工程，实现广播电视全覆盖。开展高山发射台站、区县广播电视台、乡镇广播电视站达标建设，扩大标清数字电视覆盖范围。推动电影、图书、戏剧、故事、展览"五下乡"。加快建设行政村文化活动室、农家书屋和文化中心户，实现"1村1室1书屋、1村1户以上中心户"。弘扬三峡移民精神，保护和挖掘少数民族文化，打造特色文化品牌活动，建设西阳等国家级非物质文化遗产生产性保护示范基地。加强基层文化队伍建设，扶持乡土文化人才和文化志愿者队伍。

开展全民健身运动。加大区县级公共体育设施的建设力度，确保每个贫困区县至少建成一个标准体育场、一个体育馆、一个游泳池。加强学校体育设施建设和体育器材配置，每个贫困区县至少有两所以上学校建成400米标准的塑胶运动场。继续实施新农村农民体育健身工程，保证50%以上乡镇有健身广场。加快打造黔江国家级重竞技运动培训基地、武隆仙女山国家级亚高原训练基地、西阳国家级户外运动训练基地，培育渝东北水上特色体育项目和渝东南民族特色体育项目。鼓励开发具有地方民族特色的体育健身项目，增加群众性体育活动。

第五节　后脱贫时代重庆贫困地区生态环境保护战略

树立绿色、低碳发展理念，积极推动西部地区生态文明示范工程试点县建设，加快构建资源节约型、环境友好型社会，全面提升贫困地区可持续发展能力。

一、建设绿色生态屏障

加大生态建设力度，全面推进森林重庆建设，建设长江上游生态文明示范区。具体来说，①实施森林工程。推进长江两岸绿化工程，开展重点水源水库周围绿化，建设景观林带或防护林带350万亩。实施退耕还林、天然林保护二期、长江防护林和低效林改造工程，建设速丰林基地350万亩、特色经济林200万亩，改造低效林600万亩。以50个中心镇（示范镇）和易地扶贫搬迁移民新村为重点，推进绿色村镇建设。以高速公路沿线为重点，建设通道森林10万亩。②推进石漠化治理工程。以小流域为单元，综合实施坡改梯、水保林、经果林建设工程。争取对所有石漠化危重区县开展石漠化治理，累计治理岩溶面积230万公顷、石漠化面积63万公顷。③加强重点生态功能区保护。建设三峡库区国家级重要生态功能区，实施秦巴山区、武陵山区、金佛山等一批水源涵养及生物多样性保护区示范项目。推进自然保护区核心区和缓冲区生态移民、易地扶贫等示范工程。推进三峡库区消落区生态环境综合整治工程，建立小江流域云阳段、开县段消落区人工湿地生态保护区和忠县皇华城湿地公园。积极推动武隆、酉阳等国家西部地区生态文明示范县建设。探索自然生态保护区生态补偿机制，在有条件的区县开展生态补偿政策试点示范。

二、改善城乡环境质量

加强农村环境综合整治。推动城市排污管网向农村延伸，将城市周边村镇的污水纳入城市污水收集管网。在人口相对集中的农村地区，推广人工湿地、稳定塘、人工快渗等小型污水处理设施，设置垃圾定点收集站并配备收运设施。在人口分散的边远村庄，推行生物方式治理废水，实行就地分拣、综合利用、就地处理的垃圾治理模式。

加强农村面源污染防治。重点加强规模化畜禽场污染治理，开展集中性沼气新技术示范，积极推广"零排放"生态养殖技术。继续实施生态家园富民工程，促进以秸秆、畜禽粪便为原料的有机（复合）肥生产、使用。积极推广水产生态养殖，鼓励农业废弃物的综合利用和生物农药的开发利用。

加强城镇污染防治。加快建设覆盖城乡的饮用水源安全保障体系。加快城市污水处理厂和重点集镇污水处理设施建设，确保城镇生活污水集中处理率达到85%以上。加强城市垃圾处理设施和乡镇垃圾收运系统建设，提高城镇垃圾无害化处理率。

加强工业污染防治。推进工业园区废水集中处理，强化企业排污监督管理，对农副食品加工、饮料、纺织、造纸及纸制品业等行业进行重点治理。加强工业固废物处理处置，重点对危险固废、重金属固废企业进行综合治理，一般工业固废进行集中处置。

三、加强资源节约利用

推进节能工程建设。合理控制能源消费总量，抑制高耗能产业过快增长，淘汰落后产能。推广先进节能技术和产品应用。推进工业、建筑、交通运输等重点领域节能，加快推广合同能源管理，落实节能标识制度。加大节能目标任务督查和考核力度，加强重点耗能企业的管理。推进酉阳、秀山、彭水、武隆、石柱等地低碳县试点示范建设。

加强资源再生循环利用。大力发展循环经济，着力推进涪陵等一批循环经济示范区县、示范园区建设。推进工业园区上中下游产业链、水电气热联供、基础设施配套、物流配送服务和生产生活环保生态管理等"五个一体化"。推进企业生产内部工艺之间的能源梯级利用和物料循环利用。加快建设再生资源回收体系。开展大宗工业固体废物综合利用工程试点，工业固体废物综合利用率达到80%。

四、建立防灾减灾体系

加强防洪抗旱体系建设。以江河沿岸城镇堤防工程为重点，加大防洪控制性水库和河道治理力度，防治山洪灾害。加大骨干水源、大中型重点灌区和农田水利建设，增强农村抗旱能力。加强水文基础设施建设，完善防洪抗旱指挥、山洪灾害、水文预警预报体系。加强暴雨、高温、干旱监测、预警和防御。

加强防震减灾体系建设。加强地震监测预报体系建设。强化市级地震台网现代化建设，以地震监测台站管理维护为重点，增加台网密度，完善地震前兆观测系统。加强地震灾害工程性防御体系建设。结合新农村建设，推进农村民居地震安全工程。

加强地质灾害防治体系。以巫山、奉节等三峡库区十个区县为重点，继续加强沿江（河）城市和重点乡镇集聚区崩塌、滑坡、泥石流、危岩体、塌岸等地质灾害防治。全面加强监测预警系统建设，开展群测群防和专业监测，健全灾害预警和应急机制。严格控制巫山、奉节等地质条件恶劣区域县城及重点集镇现有建成区规划，合理疏导城镇人口。

加强应急预警救援体系建设。依托市级应急救援指挥中心，建设万州、涪陵、黔江、奉节区域性应急救援指挥分中心，万州设立三峡库区综合应急救援指挥中心。整合水利、气象、消防等数据平台实现信息资源共享，提升事故灾难预防和前期处置能力。完善防汛抗旱、地震及地质灾害等重大事件的应急预案体系，积极组织开展综合应急演练。

第六节　后脱贫时代重庆两大特困片区扶贫攻坚战略

抓住国家实施连片特困地区扶贫攻坚工程的机遇，统筹协调各方，始终把保障和改善民生作为根本，把扶贫开发作为社会保障的基本手段，合力推进武陵山、秦巴山两个集中连片特殊贫困地区扶贫开发，着力解决制约其发展的瓶颈问题，优先解决贫困群众最关心的紧迫问题，培育壮大一批特色产业，集中实施一批民生工程，为全市探索一条统筹发展推动减贫脱贫的扶贫开发新路，建成国家统筹城乡扶贫开发示范区。

一、建设武陵山片区及民族地区扶贫攻坚先行区

紧紧围绕扶贫开发、民族团结进步两大任务，充分发挥政策、区位、

资源和人文四大优势，创新思路、因地制宜、全力以赴推进连片扶贫攻坚，统筹推进基础设施、产业发展和社会事业建设，坚持不懈加强民族团结，努力建设武陵山特色经济示范区、国际知名生态文化旅游区和全国扶贫开发示范区，力争在武陵山区实现率先脱贫，切实加快渝东南地区脱贫致富奔小康步伐，实现民族地区各民族共同繁荣进步。

着力加强基础设施建设。进一步改善交通条件，重点推进省道之间、主干道连接线、重要交通节点的重大交通项目，打通和拓展衔接邻省对外通道，配套推进县际公路、乡镇和农村公路建设，形成联系周边、覆盖城乡的便捷路网。大力推进能源建设，加快输变电网项目建设和农村电网改造，提高城乡电力保障。加强水利设施建设，重点抓好水源、供水、防洪抗旱减灾等骨干水利工程，加强中小河流治理，提高农业灌溉能力，解决城乡居民饮水安全问题。加快区县城区和中心镇建设，充分发挥黔江区域性中心城市的辐射带动作用和其他县城、中心镇以城带乡的纽带作用，促进集聚产业和人口吸纳。

着力强化产业支撑。发展壮大县域工业，依托出境大通道，积极承接东部沿海和主城区产业转移，加快工业园区建设，择优择特发展矿产资源及绿色食品加工业等特色产业，引进培育带动性大、持续发展能力强的产业项目，形成持续发展能力强、辐射带动能力强的产业集群。大力发展特色效益农业，突出山区优势发展特色种养业及农产品精深加工，延长农业产业链条，打造农产品品牌。大力发展民俗生态特色旅游业，把旅游作为带动就业的主导产业，充分利用独具特色的民族文化和神奇秀丽的生态山水，积极整合资源，完善配套设施，打造旅游线路和精品景区。

着力改善农村基本生产生活条件。加强乡村道路建设，提高村道路等级，提高乡镇道路到县城等级。统筹推进新农村建设，合理引导有条件地区农民集中居住。加快低产田土整治，推广清洁能源，因地制宜实施"五小水利"工程和水、电、路、气、房和环境改善"六到农家"建设，营造和谐平安的人居环境。加强城乡生态环境保护，实施石漠化综合治理、小流域综合治理、水土保持等生态环境工程切实减少水土流失，构筑国家绿色生态屏障。

着力推进劳动力就业转移。坚持以创业带动就业，鼓励自主创业，支持外出务工人员回乡创业，大力发展民营经济，着力发展劳动密集型产业、旅游业、社会服务业等就业吸纳能力强的产业，拓宽农村贫困人口就业渠道。加强农村劳动力就业培训和职业技术培训，有序开展劳务输出和劳动力就地就业转移，提高贫困人口自我脱贫能力。

着力发展各项社会事业。全力改善贫困区县办学条件，积极实施"学生营养计划"，吸引优秀教师到武陵山区任教，提高基础教育水平。大力发展职业技术教育，加快黔江职业教育区域中心建设，实施"职教扶贫"。大力发展医疗卫生事业，完善城乡医疗卫生设施，提高城乡医疗水平。健全城乡社会保障体系，提高社会保障整体水平，努力实现人人都有基本社保。

着力加快体制机制创新。积极探索扶贫开发、区域协作新机制，加快实施易地扶贫搬迁、整村推进、以工代赈等专项扶贫工程，尽早解决绝对贫困。加大社会帮扶力度，推动实施各层面对口帮扶。发挥四省通衢的区位优势，拓展与成渝经济区、长株潭经济区和武汉城市圈等重点经济区的合作，建设全国扶贫攻坚示范区和跨省扶贫协作创新区。

坚持不懈加强民族团结。坚定不移贯彻落实党的民族政策，开展民族地区专项立法，逐步扩大基层民主，坚决维护并切实保障少数民族的合法权益。进一步重视少数民族干部的培养使用，加大少数民族干部推荐、选派力度。全面落实支持民族地区发展的政策，加大财政支持和税收优惠力度，并切实把民族地区基础设施、产业发展和科教文卫等建设项目纳入优先安排范围。深入保护和挖掘民族文化，完善民族文化保护政策，加强对重点历史文化古镇的保护和开发，加快建设少数民族特色村寨，加强对渝东南民歌、土家摆手舞等非物质文化遗产的保护和发掘，打造民族地区文化品牌，鼓励采用生产性保护方法开发民族文化资源。广泛开展民族团结进步创建活动，巩固和发展平等、团结、和谐、互助的社会主义民族关系，着力维护民族地区社会稳定，努力建设国家民族团结模范区。

二、建设秦巴山片区扶贫攻坚示范区

发挥国家三峡后续工作规划实施、特困连片贫困地区扶贫攻坚工程启动的政策叠加效应，借力万州第二大城市崛起，以保障改善民生为重点，以维护社会稳定为首要责任，统筹兼顾，科学规划，加强基础设施、基本公共服务体系、生态环境保护以及防灾减灾体系建设，加大扶贫搬迁、产业扶贫、就业促进等扶贫开发力度，积极探索带动贫困群众和库区移民增收致富的新路子，建设全国重要的特色高效农业生产基地、减灾避灾示范区、扶贫攻坚示范区、绿色生态屏障区，成为安稳致富和谐新库区的重要典范，促进秦巴山区经济社会全面协调可持续发展。

加强基础设施建设。重点抓好水陆空交通网络建设，加快建设以万州为核心的综合交通枢纽，着力解决城口、巫溪等偏远区县交通难问题，将秦巴山区建设成为连接南北沟通中西的交通战略要地。抓好能源等基础产业发展，大力支持重点煤电项目建设，提高天然气、成品油供应保障。进一步加强城乡供水、供电、通信、环保和文化、体育、卫生等公共基础设施建设。

大力发展县域经济。用足用活移民、扶贫等各项优惠政策，加大招商引资力度，大力发展民营经济，努力形成各具特色的支柱工业产业。因地制宜地大力发展效益农业，培育壮大柑橘、中草药、草食牲畜等山区特色产业，加强农产品精深加工，培育农业产业化，打造一批具有影响力的名牌产品和名牌企业。整合旅游资源，建立协作开发机制，着力打造长江三峡国际黄金旅游带和巫山、巫溪、奉节旅游"金三角"，建成全国重要自然生态景观与历史人文旅游度假区。

做大做强区县城区和中心镇。加快万州区建设重庆第二大城市步伐，充分发挥其作为区域中心的核心引领作用，加快推进"万开云"板块协同发展，将其建设成为秦巴山区产业核心区和重要经济增长极。着力推进其他区县城区和重点中心镇建设，完善城镇功能，发挥衔接城市、带动农村的纽带作用，大力推进城镇化。

加快三峡库区生态屏障区建设。继续实施"森林工程"，以"绿化长江"为重点，加强库区水环境保护和治理，加快天然林保护和沿江防护林体系建设，实施库区消落带环境综合整治，加强农村面源污染治理，巩固长江上游生态安全。加强节能减排，严格防治工业污染，强化次级河流污染治理，提高城乡污水、垃圾无害化处理能力。在全市率先试点建立生态及水资源补偿机制，建成长江流域重要生态屏障。

坚定不移地保障和改善库区民生。加快建立健全覆盖所有移民、所有群众的社会保障体系，实现人人享有基本社会保障，并逐步提高保障水平。进一步稳定和扩大就业，把贫困家庭大学毕业生就业作为扶贫帮困的重要工作，制定支持和鼓励就业政策，积极拓宽就业渠道，鼓励创业促就业，继续推动库区农村富余劳动力转移，大力开展职业技能培训，增强就业能力。大力推进扶贫开发，加大扶贫资金投入，创新机制体制，完善政策体系，坚持扶贫到户到人，强化完善"集团式扶贫""整村扶贫""移民扶贫"等工作举措。发挥地域优势，开展川陕鄂跨省市合作交流，构建秦巴山经济协作区。

第七节　后脱贫时代重庆建立城乡统筹 社会保障体系战略

坚持"广覆盖、保基本、多层次、可持续"方针，加大投入力度，以基本养老、基本医疗、最低生活保障为重点，建立健全覆盖城乡居民的社会保障体系。

一、完善社会保险制度

探索建立城乡一体的社会保险体系。健全城镇职工基本养老保险制度，实现城乡居民社会养老保险制度全覆盖。继续完善医疗、失业、工伤和生育等社会保险制度。推进城镇职工基本医疗保险与城乡居民合作医疗保险、城镇职工基本养老保险与城乡居民养老保险制度之间的衔接。完善农民工户籍制度改革社会保障政策。

继续扩大社会保险覆盖范围。重点推进城乡居民、农民工、转户居民的参保工作，鼓励及早参保、长期参保和连续参保。调整社会保险缴费基数上下限、社会保险缴费统一征收等政策，适应不同收入群体需求，扩大参保覆盖面。基本实现人人享有社会保障，基本建立与全面建成小康社会相适应的城乡社会保险制度，城乡养老保险和城乡医疗保险参保率达到95%，失业保险、工伤保险和生育保险参保率达到80%。不断提高各项社会保障待遇水平，逐步缩小城乡之间、群体之间的社会保障待遇差距，将门诊常见病、多发病纳入保障范围。

完善社会保险制度转移衔接机制。开展基本医疗和养老保险城乡统筹试点，推进城镇职工基本养老保险与城乡居民养老保险制度之间的衔接。加快建设社会保险异地转移接续平台，稳妥解决人员流动过程中社会保险关系转移接续问题。做好流动就业人员基本医疗保险缴费年限累计计算工作，完善异地就医管理服务，探索建立参保地委托就医地进行管理的协作机制。

二、完善城乡困难救助体系

健全城乡最低生活保障制度。实行最低生活保障标准与经济发展水平和物价上涨"双联动"，确保困难群众保障水平随经济发展而提高、不因物价上涨而下降。完善家庭经济困难学生资助体系，覆盖从学前教育到高等教育的全过程，确保学生不因家庭困难而失学。对城乡特殊困难家庭实施临时救助，不断提高重点优抚对象抚恤补助水平。

加快医疗救助体系建设。开展重特大疾病医疗救助，提高救助比例和水平，完善医疗救助制度。对城乡低保户、农村贫困户和其他经济困难家庭人员参加城镇居民基本医疗保险或新型农村合作医疗个人出资部分给予补助，对其难以负担的基本医疗自付费用给予补助，力争实现医疗救助对象自付基本医疗费用的比例不高于20%。逐步提高重大传染病、地方病、职业病补助标准。扩大医疗救助覆盖面，将救助范围扩大到普查建档的特殊困难家庭。

加强救助保护设施和福利设施建设。加强城镇公益性救助设施建设，不断提高流浪乞讨人员救助保障水平。健全救助保护设施功能，尤其是健全教育矫治、心理干预、康复培训、文化娱乐等设施和功能，加快完善区县福利中心、区域性儿童福利院、精神病院等设施体系建设。完善区县应急救灾物资储备设施和应急避灾场所。

三、扶助特殊困难群体

关爱扶助农村留守儿童。探索有针对性的教育培养模式，建立健全托管中心、代理家长制、心理健康计划等有关长效机制，探索寄宿之家、亲属代管、亲情连线等留守儿童培养新模式。加强家庭教育流动学校讲师团建设，引导社会资源参与留守儿童培养。开展儿童之家创建，基本实现城镇每个社区均具有一所儿童成长家园，促使农村留守儿童健康成长。

关爱扶助农村空巢老人。实施银发养老工程，重点保障农村"五保"对象、低收入高龄失能和半失能困难空巢老人的养老需求。加快农村养老机构和服务设施建设，实施"一所一院一中心"计划，加快乡镇敬老院和村养老服务站建设，改善和提升现有养老机构的文化娱乐、体育健身、医疗保健、日托照料等服务条件和功能，鼓励社会力量通过新建、改扩建、租赁或购置等方式建设一批综合性福利院、老年护理院、老年公寓等养老服务设施。鼓励贫困区县进一步健全高龄老人津贴补助政策，结合实际建立农村困难空巢老人养老服务补贴机制，动员各种力量开展一对一的"孝心儿女"帮扶活动，使全市空巢老人老有所养。

第八节　后脱贫时代重庆引导鼓励社会扶贫战略

弘扬中华民族扶贫济困的优良传统，鼓励先富帮后富，广泛动员社会各界参与扶贫开发，完善机制，拓展领域，注重实效，提高水平。

一、优化"一圈两翼"对口帮扶

坚持帮扶与合作相融、"输血"与"造血"并重、借力与自强并举，突出城镇建设、产业发展、扶贫开发三大主题，集中力量办好"十件实事"。"一圈"区县每年继续按不低于上年地方财政一般预算内收入1%的额度向"两翼"结对区县拨付帮扶实物量。加强帮扶实物量使用管理,确保年度帮扶实物量用于扶贫开发的比例不低于30%,用于重点帮扶项目的比例不低于80%。完善帮扶实物量支持两翼园区融资机制,逐步扩大异地建园试点范围,积极探索促进"圈翼"产业联动的有效措施。做实智力援助,鼓励机构和个人"带任务、带课题、带培训、带经费"开展帮扶。结合扶贫开发,开展教育扶贫,通过资金资助方式,对贫困学生给予直接扶助。

二、推进东西部扶贫协作

积极协调,努力拓展东部省区市对口帮扶内容,按照优势互补、互惠互利、共同发展的原则,建立东西扶贫协作长效机制,不断深化鲁渝东西扶贫协作内容和形式,探索双方在资金支持、产业发展、干部交流、人员培训等方面的互利合作。鼓励区县政府根据实际情况积极主动组织开展区域扶贫协作工作。

三、加强定点扶贫和集团扶贫

加大与中央国家机关定点扶贫工作的协调力度。健全市、区县两级党政机关定点扶贫制度。深化集团式对口扶贫,实行每个单位"包村联户"的工作方法,建立"帮扶村不脱贫、帮扶单位不脱钩"的工作机制,加大对重点村、困难户、失学儿童、留守儿童和空巢老人以及转移培训的帮扶力度。鼓励民主党派、民营企业对口帮扶。选派优秀中青年干部到贫困区县、乡镇开展挂职蹲点扶贫,支持志愿者发挥更大作用。总结推广国有企业帮扶巫溪模式,每年选择1~3个贫困区县实施组团帮扶,推动市属投融资企业参与贫困区县基础设施和公益设施建设,选派国有企业专业人才到贫困区县挂职。积极引导金融机构、科研院校、驻渝部队积极参加扶贫活动,鼓励、引导各类非公有制企业、社会组织担当扶贫任务。

四、实施科技扶贫

深入实施"双十百千"科技特派员创业服务行动，创建一批农业科技专家大院，引导科技人员深入农村开展技术推广、成果转化、科技培训和创业服务。帮助贫困地区培育科技型扶贫龙头企业，支持扶贫重点县建设农业科技扶贫示范园、科技示范村和示范户。继续选派科技扶贫开发团、科技副县长和科技副乡（镇）长、科技特派员到扶贫重点县、乡（镇）工作，进一步发挥科技在扶贫开发中的作用。

五、拓展扶贫渠道

动员组织社会各界参与扶贫开发。大力倡导企业承担扶贫任务，履行社会责任，鼓励中小企业采取多种方式参与扶贫活动。深入开展"村企共建"活动，组织和动员各类企业到贫困农村兴建基地、联办企业，增加村级集体经济收入，拓宽农民增收渠道。广泛动员、积极争取各民主党派、社会团体、民间组织以多种形式参与扶贫开发活动。充分发挥扶贫基金会、扶贫开发协会、慈善总会等社团组织作用。

加快国际交流步伐。多种渠道开展脱贫减贫项目合作，加强国际反贫困领域交流，广泛争取国际社会对重庆市扶贫开发的帮助和支持。加强国际（或国内）反贫困理论与实践研究。

第九节　后脱贫时代重庆扶贫的改革创新

抓住重庆统筹城乡综合配套改革试验机遇，加快扶贫开发重点领域和关键环节的改革攻坚，着力构建充满活力、富有效率、统筹发展的扶贫开发新机制。

一、创新扶贫开发机制

实行动态扶贫开发。按照农民人均纯收入30%作为重庆市相对扶贫标准，加强扶贫识别工作，实行贫困人口有进有出的动态管理。巩固和发展扶贫开发与农村低保有效衔接成果，逐步增加到人到户资金规模，创新扶贫资金到人到户的长效扶持机制。建立重大政策和建设项目贫困影响评估机制，增强政策制定过程和建设项目立项中的贫困敏感性和扶贫意识，对影响贫困地区、扶贫对象发展的重大政策和项目，在政策制定和项目立项前要进行贫困影响评估。建立财政资金、信贷资金、社会帮扶资金投入的稳定增长机制。建立健全生态补偿机制，建立产业扶贫项目带动贫困户脱贫增收的利益联结机制，探索通过市场机制和财政政策将片区资源环境优势转变为扶贫投入稳定来源的具体办法。探索秦巴山、武陵山片区参与跨省合作的区域扶贫协作机制。加快构建行业扶贫、专项扶贫、社会扶贫"三位一体"，政府主导、部门分工、各方参与、合力攻坚的大扶贫工作机制。

二、建立转户常态机制

巩固第一阶段户籍改革成果，建立完善土地、社保、就业、教育、住房常态化机制，引导农村籍大中专学生及在城镇稳定就业和居住的农民工自愿转户进城，逐步形成人口随就业、居住自然进城的制度性转移通道。切实保障转户居民城市待遇，落实社会保险、养老保险、医疗保险、最低生活保障等社会保障，保证其享有平等教育和平等医疗保健权，将转户居民纳入城镇就业服务和政策扶持范围、纳入公租房等住房保障范围，确保集中供养农村五保对象转户后享受当地城市"三无"人员供养待遇。落实更多的到贫困村到贫困户的扶贫政策，对转户进城贫困农民给予医保、社保等直接补助。妥善保障转户居民农村合法权益，允许其转户后自愿保留对林地、承包地和宅基地的农村财产自由处置权，保障其继续享有农村集体经济资产的收益分配权以及与农村身份有关的农村待遇，保留其子女在考试录取照顾、贫困学生资助等方面的权益，对继续从事农业生产和造林管护工作的农户，保留各项财政补助性惠农政策。建立宅基地处置与利用、承包地利用管理等常态机制，制定完善自愿退出宅基地、承包地和林地的补偿办法，努力让自愿退地转户居民得到公平、合理的补偿。力争到2020年及"十四五"时期，贫困地区实现转户600万人以上（其中向主城和"一圈"非贫困区县转移300万人以上）。

三、创新财产性增收机制

以农村土地制度改革为核心，积极探索农村土地用益物权资本化的有效机制，促进贫困地区农民特别是农村贫困人口财政性收入的稳定持续增加。全面完成农村土地承包经营权、农村居民房屋和林地承包权的确权登记颁证工作，赋予农民更加充分而有保障的土地财产权利。建立农村集体经济产权制度，鼓励和引导农民对农村集体资产进行量化确股，通过转包、出租、入股、转让等方式依法经营，并按股分享集体收益。完善农村土地流转机制，鼓励农民按照自愿原则以承包经营权入股建立股份合作社，保障农民分红收益。完善农村居民住房产权证，探索建立新型农村社区住房流转市场，开展农民集中居住区房屋和转户居民退出房屋交易试点，促进农房有效增值。健全土地承包经营权和林权流转市场，有序推进地票交易，扩大交易规模，完善地票价款分配办法，确保地票净收益的85%直补农民，15%划归农村集体经济组织。盘活农村存量建设用地，在规划引导下依法开展农村集体建设用地流转，推动农村建设用地逐步实现与城市建设用地同地、同权，增加农村集体资产收益。开展逐步缩小征地范围改革试点，建立征地补偿标准动态调整机制，保证农民获得公平公正补偿。建立农村土地承包经营权、农村居民房屋和林权"三权"抵押贷款长效机制，扩大抵押融资规模、范围，完善权益评估、风险补偿、资产流转等配套政策，为农民财政性增收创造条件。到2015年，发展农村新型股份合作社1200个，建立贫困村互助资金组织2000个，实现农村"三权"抵押融资1000亿元以上。

第十节　后脱贫时代重庆扶贫的政策扶持

建立健全扶贫开发与其他政策的协同配合机制，强化财税支持、金融服务、产业扶持、土地使用等优惠政策，加大对贫困地区和重点扶助人群的支持。

一、用地政策

实行差别化的土地利用和土地管理政策，在用地政策上向 18 个贫困区县倾斜。城乡建设用地增减挂钩指标优先满足易地扶贫搬迁和生态移民建房需求。对符合产业政策和土地利用规划的项目，优先安排、重点保障建设用地。继续增加土地开发整理和复垦资金投入，对 18 个贫困区县合乎规定的土地开发整理复垦项目即报即安排。在保护生态环境的前提下支持贫困地区合理有序开发利用矿产资源。制定出台农村土地退出转户激励引导政策，鼓励转户居民和进城农民退出农村土地承包经营权、宅基地使用权，对退出的土地视情况复垦为耕地或继续作为建设用地。

二、投资政策

积极争取重大项目向贫困区县布局。加大中央和市级财政性资金投入力度，并向该地区农业产业、扶贫开发、民生工程、基础设施和生态环境等领域倾斜。提高国家和市内各类专项建设资金投入贫困区县的比重，提高对公路、铁路、民航、水利等建设项目投资补助标准或资本金注入比例，适当提高农村小型基础设施建设补助标准。中央安排的公益性建设项目，取消县及县以下资金配套。建立健全国有资本经营预算制度，推动国有资本经营收益投入与扶贫开发有关的基础设施建设和公共服务领域。创新基础设施投融资体制，优化政府投资结构，加大对贫困区县基础设施建设投入。全面推行政府投资项目代建制，推广政府购买服务模式，引导社会资金投资公益性社会事业。加大企业技术改造和产业结构调整专项对贫困区县的特色优势产业、新兴产业的支持力度。鼓励社会投资，对区外企业投资特色优势产业项目，在项目核准等方面优先考虑，并给予土地方面的优惠。支持贫困地区资源合理开发和利用，完善特色优势产业支持政策。

三、财税政策

财政政策。加大财政对贫困区县特别是连片特困地区均衡性转移支付力度，促进地区间及基本公共服务均等化。有关专项转移支付资金，重点向贫困区县（武陵山区、秦巴山区）倾斜。出台财政激励和保障政策，鼓励扶贫开发重点区县率先脱贫。加大市级财政扶贫资金投入，整合各类资金建立财政扶贫资金投入稳定增长机制，市财政每年按不低于中央财政安排资金额度的30%落实配套资金，在此基础上"十二五"期间每年安排1.5亿元专项资金用于易地扶贫和生态移民搬迁、每年安排1亿元专项资金重点用于整村推进。逐步提高高山移民、生态移民、易地移民补助标准以及整村推进财政扶贫资金单村投入标准。引导区县整合设立区域发展与扶贫攻坚专项资金，集中支持区域发展与扶贫攻坚重点项目。把秦巴山区、武陵山区作为国家生态补偿试点地区，对贫困村具有水土保持和碳汇生态效益的生态林进行生态补偿。加大区县债务消化支持力度。逐步提高基层干部、教师、医务人员、技术人员工资收入水平。稳步提高城乡低保、农村五保和城镇"三无"人员等低收入群体的保障水平，建立健全社会救助与物价挂钩的联动机制，确保城乡困难群众基本生活。

税收政策。积极推进资源税改革。对属于国家西部大开发鼓励类产业类企业，减按15%税率征收企业所得税。企业从事国家重点扶持的公共基础设施项目投资经营所得，以及符合条件的环境保护、节能节水项目所得，可依法享受企业所得税"三免三减半"政策。对属于国家颁布的《外商投资产业指导目录》鼓励类目录和《中西部地区外商投资优势产业目录》中鼓励类外资项目，企业进口自用设备及按照合同随上述设备进口的技术及配套件、备件，在政策规定范围内免征进口环节关税。企业发生的扶贫等公益性捐赠支出，符合条件的准予在计算应纳税所得额时扣除。

四、金融政策

推动市属金融机构加快实现贫困地区网点全覆盖，鼓励内外资金融机构加快设立村镇银行和贷款公司，在小额贷款公司的设立上继续加大对贫困地区的政策倾斜。鼓励和支持县域法人金融机构将新增可贷资金70%以上留在当地使用，落实涉农贷款税收优惠、定向费用补贴、增量奖励等政策。落实"两翼"园区第二轮50亿元融资，研究出台国有资本收益用于支持"两翼"园区再融资和易地扶贫、生态移民搬迁基础设施建设的意见。进一步推广实施"金融—公司—农户"等合作模式，大力发展面向农户的小额贷款，支持其发展林下经济和扩大生产，争取未来十年向贫困地区累计投放农业信贷2000亿元以上。将城口县、开县、云阳县、石柱县等列为全市农村金融服务改革创新首批示范区县，全面推广"三权"抵押贷款业务，探索建设以土地交易所、农村土地流转服务机构、林权交易平台为中心的综合产权交易体系。创新农村小集镇及城镇化建设融资服务，用于支持集镇基础设施、园区建设、商贸流通市场、旅游设施、土地整治等项目建设。积极推动担保业发展，鼓励区县财政通过财政补贴、资本注入、风险补偿等方式加大对担保公司的支持力度。鼓励有条件的龙头企业上市或向社会发行企业债券，募集发展资金。建立市级大型国有企业与区县对口融资帮扶机制，通过担保等多种形式帮扶对口帮扶区县重大基础设施、重点支柱产业和重要社会事业项目扩大融资。

五、重点群体扶助政策

率先实施学龄前儿童营养与健康干预项目，实施农村义务教育阶段学生营养改善计划，关心农村留守儿童。采取技能培训、税费减免、贷款贴息、跟踪指导等措施，支持和帮助妇女创业。继续开展"双学双比"活动。将残疾人全部纳入覆盖城乡居民的社会保障体系并对符合条件的残疾人予以重点保障和特殊扶助。移民、扶贫和农村危房改造等项目优先安排农村贫困残疾人家庭。加大残疾人康复扶贫力度和就业工程实施力度。通过制定和完善各项激励政策和措施，引导人才、物资、资金等资源流向贫困村，服务贫困农民。

六、少数民族地区扶持政策

加大对渝东南少数民族地区的财政支持力度，继续加大一般性转移支付力度；继续执行少数民族地区转移支付和少数民族地区增值税增量返还政策；继续执行民族地区调资专项转移支付政策；继续执行民族地区卷烟税返还和关闭烟厂财政减收财力补助政策。在保持民族地区区县既得利益不变的前提下，归并少数民族发展资金、民族经济社会发展资金和渝东南民族地区发展专项资金，重点予以倾斜。落实民族自治地方财政项目建设配套资金优惠政策。鼓励市级投资集团参与渝东南民族地区重大项目建设。加大对民族地区教育、卫生等社会事业以及基层政权建设债务的消化支持力度。对少数民族地区内从事民族用品生产、民族贸易企业的生产经营所得，免征企业所得税。中小企业贷款担保对民族地区优势产业和中小企业给予优先支持，帮助民族地区改善融资环境。实施少数民族青年才俊工程，每年资助 1500 名少数民族学生完成学业。

REFERENCES

［1］Beck T, Asli Demirgü-Kunt, Levine R. Finance, Inequality and the Poor［J］. Journal of Economic Growth, 2007, 12 (1)：27-49.

［2］Sen A K. Poverty：An Ordinal Approach to Measurement［J］. Econometrica, 1976, 44 (2)：219-231.

［3］阿马蒂亚·森. 以自由看待发展［M］. 北京：中国人民大学出版社, 2013.

［4］曹茂甲. 职业教育六十年：农村职业学校的发展历程［J］. 职教通讯, 2011 (3)：24-29.

［5］郭利华, 葛宇航, 李佳珉. 民族地区深度贫困问题的金融破解：政策与方向［J］. 中央民族大学学报 (哲学社会科学版), 2018, 45 (6)：120-127.

［6］郭兴平. 新时期的金融扶贫：形势、问题和路径［J］. 农村金融研究, 2013 (5)：12-16.

［7］决策导刊编辑部. 重庆缘何成为全国率先偿还"普九"债务的典范［J］. 决策导刊, 2008 (12)：37.

［8］李兴洲. 公平正义：教育扶贫的价值追求［J］. 教育研究, 2017 (3)：33-39.

［9］梁文政. 重庆市教育精准扶贫存在的问题及对策［J］. 重庆行政, 2015 (12)：23-25.

［10］刘军豪, 许锋华. 教育扶贫：从"扶教育之贫"到"依靠教育

扶贫"[J]. 中国人民大学教育学刊，2016（2）：44-53.

[11] 潘素梅，陈金贤，刘文杰. 基础金融服务需求和使用差异研究——基于山东省的调研[J]. 银行家，2013（5）：100-102.

[12] 石中英. 教育公平的主要内涵与社会意义[J]. 中国教育学刊，2008（3）：1-6.

[13] 石中英. 教育公平政策终极价值指向反思[J]. 探索与争鸣，2015（5）：5-6.

[14] 世界银行，东亚及太平洋地区扶贫与经济管理局. 从贫困地区到贫困人群：中国扶贫议程的演进[EB/OL]. 世界银行官网，http：//documents. shihang. org/curated/zh/606641468219291159/Main-report.

[15] 司树杰，王文静，李兴洲. 中国教育扶贫报告（2016）[M]. 北京：社会科学文献出版社，2017.

[16] 苏畅，苏细福. 金融精准扶贫难点及对策研究[J]. 西南金融，2016（4）：23-27.

[17] 王定华. 中国义务教育改革发展的回顾与展望[J]. 中国教育科学，2013（4）：3-23.

[18] 王嘉毅，封清云，张金. 教育与精准扶贫、精准脱贫[J]. 教育研究，2016（7）：45-49.

[19] 王文静，李兴洲. 中国教育扶贫报告（2017）[M]. 北京：社会科学文献出版社，2018.

[20] 王修华，傅勇，贺小念，谭开通. 中国农户受金融排斥状况研究——基于我国8省29县1547户农户的调研数据[J]. 金融研究，2013（7）：139-152.

[21] 王娅萍，周小波. 乡村教育振兴：重在提升乡村教师的专业发展——重庆市渝东北地区乡村中小学教师专业发展情况调查报告[J]. 重庆与世界，2018（22）：74-78.

[22] 吴霓，王学男. 党的十八大以来教育扶贫政策的发展特征[J]. 教育研究，2017（9）：4-11.

[23] 吴义能，叶永刚，吴凤. 我国金融扶贫的困境与对策[J]. 统计与决策，2016（9）：176-178.

［24］向雪琪，林曾. 改革开放以来我国教育扶贫的发展趋向［J］. 中南民族大学学报（人文社会科学版），2018（3）：79-83.

［25］谢家智，车四方. 农村家庭多维贫困测度与分析［J］. 统计研究，2017（9）：44-55.

［26］徐涛. 贫困的金融学研究［J］. 新财经（理论版），2013（5）：75.

［27］袁贵仁. 在党的领导下不断开创教育事业科学发展新局面［J］. 党建研究，2012（1）：6-8.

［28］张宁，张兵. 农村非正规金融、农户内部收入差距与贫困［J］. 经济科学，2015（1）：53-65.

［29］张鑫，谢家智，张明. 社会资本、借贷特征与农民创业模式选择［J］. 财经问题研究，2015（3）：104-112.

［30］赵阔，张晓京. 改革开放40年我国教育扶贫政策变迁及其经验［J］. 中国人民大学教育学刊，2019（1）：16-30.

［31］职业杂志编辑部. 重庆：“雨露技工·职教扶贫”项目实施两年［J］. 职业，2014（30）：15.

［32］钟慧笑. 教育扶贫是最有效、最直接的精准扶贫——访中国教育学会会长钟秉林［J］. 中国民族教育，2016（5）：22-24.

［33］周逢民. 金融服务乡村振兴的路径［J］. 中国金融，2018（15）：34-36.

［34］周孟亮，彭雅婷. 我国金融扶贫的理论与对策——基于普惠金融视角［J］. 改革与战略，2015，31（12）：40-44.